Vom segensreichen Wirken der Fehler und anderem

FRITZ BARTH

VOM SEGENSREICHEN WIRKEN DER FEHLER UND ANDEREM

VIER ESSAYS ZUR ARCHITEKTUR

EDITION AXEL MENGES

Hans Henny Jahnn
1894 - 1959

STEINE ZU WÖRTERN
Vom Ungebauten bei Hans Henny Jahnn

WER DAS ZIEL seines Schaffens als Architekt im Bauen sieht, der wird kaum umhinkommen, Ungebautes mit distanzierter Skepsis zu sehen und zu der Ansicht neigen, was nicht gebaut sei oder was gar nicht mit der Absicht des Bauens ins Werk gesetzt werde, möge zwar mit der Architektur so manches gemeinsam haben, sei manchmal in geradezu verführerischer Weise mit ihr zu verwechseln, müsse aber eben deshalb streng von ihr geschieden werden und sei einem anderen, noch zu benennenden Bereich zuzuordnen. Zugegeben: Nicht ganz ohne Neid vermag man auf die verantwortungslose, eindimensionale Freiheit des nicht aufs Bauen Gerichteten zu blicken – doch hieße es, das Wesen der Architektur verkennen, wenn man sie aus ihren vielfältigen Bedingtheiten lösen, aus dem ihr eigentümlichen Netz des Widersprüchlichen herausschneiden wollte. Vielleicht vermiede man hier besser den Begriff Architektur und spräche stattdessen nur vom Bauen, doch steht zu befürchten, daß dann der Anspruch nicht mit dem nötigen Nachdruck vertreten werden könnte.

Das Ungebaute ist ein weites Feld. Doch soll hier nicht die Frage erörtert werden, ob etwa die späten Projekte Melnikovs der Architektur im strengen Sinne zuzuordnen seien – ein zugegeben recht akademisches Unterfangen –, sondern ein ganz anderer Gegenstand im Umkreis der Baukunst betrachtet werden, Architekturen, die nicht bloß nicht gebaut, sondern nicht einmal graphisch festgelegt sind – auf einer noch höheren Ebene der Abstraktion angesiedelt, im Elfenbeinturm der Dichtung entstandene Begriffsräume und Satzlabyrinthe, Sprachgebilde und Wortgebäude: die Architektur in der Literatur, genauer gesagt in der des 20. Jahrhunderts, und hier in einem Werk, in dem sie eine herausragende Stellung einnimmt, in dem von Hans Henny Jahnn.

Es ist nicht ungewöhnlich, daß der Architektur in der Literatur eine dezidierte Bedeutung zukommt. Da wäre etwa, als von einem Sonderfall, von der Figur des Architekten zu reden, wie sie in Moravias früher Erzählung »L'Architetto« (1937) auftritt, ein im Grunde unschöpferischer Mensch, ein wenig lächerlich in seiner halbherzigen professionellen Bemühtheit, dessen Überzeugungen längst bloß als Fassade noch aufrechterhalten werden und dessen Versuche, die Welt zu ordnen, zum Scheitern verurteilt sind, weil ihm die moralische Grundlage fehlt – ein Stereotyp, dessen sich zu bedienen verführerisch nahe liegt (doch wird man Moravia möglicherweise Ironie unterstellen können). — Unsere Betrachtung gilt jedoch nicht der psychologisierenden Fiktion eines literarischen Architekten, sondern der literarischen Darstellung des Architektonischen.

Hier ist an die Kapitel 2 bis 5 von Musils »Mann ohne Eigenschaften« zu denken, wo aus amüsierter Distanz in anekdotischer Weise Ulrichs unterschiedliche Ansätze geschildert werden, sich einen angemessenen – architektonischen – Rahmen zu schaffen, Versuche, die allesamt ohne Erfolg bleiben müssen, weil in einem Zeitalter, das die Welt nur noch fragmentarisch zu erfassen vermag, eine Übereinstimmung des Menschen mit seiner Umgebung nicht mehr möglich sein kann. Ulrich befaßt sich zunächst gründlich und eingehend mit den aktuellen Tendenzen der Dekorationskunst und schwankt zwischen den unterschiedlichen und konkurrierenden Stilen und Auffassungen, die ihm allesamt nur als Möglichkeit taugen, nicht aber als einzige Wirklichkeit. So beschließt er, »daß er den Ausbau seiner Persönlichkeit doch lieber selbst in die Hand nehmen wolle« und macht sich daran, seine zukünftigen Möbel eigenhändig zu entwerfen. Doch auch hier kommt er zu keinem Entschluß und überläßt endlich »die Einrichtung seines Hauses dem Genie seiner Lieferanten, in der sicheren Überzeugung, daß sie für Überlieferung, Vorurteile und Beschränktheit schon sorgen würden«. Auf den Gedanken, ein eigenes Haus zu bauen, kommt er bezeichnenderweise nicht: Er mietet sich ein »verwahrlostes kleines Besitztum, ein kurzflügeliges Schlößchen, ein Jagd- oder Liebesschlößchen vergangener Zeiten – seine Traggewölbe waren aus dem siebzehnten Jahrhundert, der Park und der Oberstock trugen das Ansehen des achtzehnten Jahrhunderts, die Fassade war im neunzehnten Jahrhundert erneuert und etwas verdorben worden, das Ganze hatte also einen etwas verwackelten Sinn, so wie übereinander photographierte Bilder«. Unschwer zu erkennen ist in dieser etwas vagen Architekturbeschreibung die präzise Metapher für Kakanien, das Staatsgebilde, in dem Ulrich sich mit der gleichen ironischen, unbeteiligt-distanzierten Fremdheit einrichtet.

Dieses rudimentäre Erscheinen des Architektonischen in Musils Romanwerk verdankt sich zweifellos nicht einem besonderen Interesse des Autors an der Baukunst, sondern ist im funktionalen Gefüge der Erzählung zu sehen, als ein Mittel, Themen und Motive des Romans zu exponieren, sich der Mentalität und der Verfassung der Hauptperson zu nähern, einen ersten Überblick der Zeitumstände zu geben und des Protagonisten Technik der Weltaneignung sozusagen vorab im verkleinerten Maßstab des Modells zu demonstrieren.

Ein deutlicheres Interesse an der Architektur zeigt sich bei Proust. Im labyrinthischen Gebäude des Erinnerns der »Recherche«, im ersten Band, »Du côté de chez Swann«, ist die Kirche von Combray so etwas wie ein Angelpunkt; Proust beschreibt sie über längere Passagen wieder und wieder, schweift ab und kehrt zu ihr zurück, präzisiert gerade durch dieses Abschweifen und verankert so das Bild der Kirche im Geflecht seiner Erinnerung. Bei aller Genauigkeit zielt er nicht auf eine Schilderung der Architektur ab, sondern es geht ihm um die Darlegung des Prozesses des Erinnerns; er beschreibt somit nicht eine bauliche Gegebenheit, sondern läßt ein komplexes, vielgestaltiges Bild entstehen, das seinen Ausgangspunkt in der Kindheit des Erzählers hat. Hier erklärt sich die Bedeutung des Bauwerks für die Konzeption des Romans: In seiner vielschichtigen Beschreibung lassen sich exemplarisch die Formen der Erinnerung verweben, individuelle und kollektive, Mythos und Geschichte. Auch hier dient also die Architektur als ein literarisches Modell.

Im Werk von Hans Henny Jahnn nun nimmt die Architektur eine herausragende Stellung ein. Dieses Œuvre besteht nicht bloß aus Literarischem: In seiner Jugend, während des in Norwegen verbrachten Ersten Weltkriegs und in den Jahren danach, war eine Reihe von Bauprojekten entstanden, durchaus mit der Absicht der Verwirklichung, so daß man mit gewissem Recht behaupten kann, der junge Jahnn habe sich zum Baumeister berufen gefühlt – wenn auch die Hintergründe und Absichten als vergleichsweise unkonventionell gelten dürfen. Ebenfalls als Autodidakt, doch mit größerem Erfolg, betätigte er sich später als Orgelbauer – hier war er einer der führenden Köpfe der Deutschen Orgelreformbewegung der Zwanziger- und Dreißigerjahre. Abgerundet wird der Kreis seiner Tätigkeiten (in dem die literarische Produktion sicherlich der bedeutendste Teil ist) durch Versuche auf dem Gebiet der Hormonforschung, wo er die Grenze zur Scharlatanerie überschritt, auch wenn ihn der Nachruf des Hamburger Abendblatts als »Orgelbauer, Biologe, Romanautor und Dramatiker« würdigte.

Gleich den anderen Interessen Jahnns – fast scheint der Ausdruck Obsessionen angebracht – findet auch die Architektur ihren Niederschlag im schriftstellerischen Werk, und zwar keineswegs marginal, sondern als eines der Themen, der Anliegen der Romane. Vielleicht kann man treffender sagen, die Baukunst zeige sich in den Büchern als ein Anliegen des Autors (er bezeichnete sie als »den schmerzlichsten Komplex meiner Neigungen«), denn sicherlich schrieb Jahnn seine Romane nicht in erster Linie, um für Ideen zur Architektur zu werben, wie es etwa Paul Scheerbart tat, der, wie kolportiert wird, für seine Erzählung »Das graue Tuch mit zehn Prozent Weiß« die Form des ›Damenromans‹ – so der Untertitel – auf Anregung des Verlegers wählte, weil dieser den vom Autor beabsichtigten Traktat zur Propagierung einer Architektur riesenhafter Gebilde aus farbigem Glas für gänzlich unverkäuflich hielt.

In Jahnns Literarisierung der Architektur liegt der Grund, der die Beschäftigung mit seinen Eskapaden aufs Terrain der Baukunst lohnenswert macht, denn für sich betrachtet hat das architektonische Werk kaum herausragende Qualitäten aufzuweisen, soweit die nachgelassenen Zeichnungen Rückschlüsse zulassen (seine Projekte zu realisieren, war ihm, mit Ausnahme einer Grabstätte für seinen 1919 verstorbenen Bruder Fritz, nicht vergönnt).

Die Entwürfe zeichnen sich nicht eben durch besondere Originalität aus. In der Regel handelt es sich um Variationen romanischer, bevorzugt aquitanischer Vorbilder; St. Front in Périgueux ist meist der Ausgangspunkt, neben den Kirchen Armeniens. Neueren Tendenzen gegenüber demonstriert er Desinteresse, gelegentlich bringt er seine Ablehnung auch deutlich zum Ausdruck: »Es wäre schlimm, wenn die Moderne siegte auch diesmal, denn von den Elementen der Kunst versteht sie nichts.«[1] Ganz so unabhängig von den Strömungen der Zeit ist er allerdings doch nicht, denn Rückgriffe auf romanische Vorbilder sind im moderaten, reduzierten Historismus der Architektur des frühen 20. Jahrhunderts durchaus keine Seltenheit.

Jahnn begann mit der Ausarbeitung architektonischer Projekte unter den bedrückenden Umständen des norwegischen Exils, wohin er sich mit seinem Freund Gottfried Harms abgesetzt hatte, um dem Wahnsinn des Ersten Weltkriegs zu entkommen. Er flüchtete sich aus der trostlosen Wirklichkeit in piranesihafte Architekturträume (in »Fluß ohne Ufer« wird neben einem Stich, der St. Front darstellt und einer Grundrißzeichnung, unverkennbar Jahnns eigene Erfindung, ein Blatt aus Piranesis labyrinthischen »Carceri« der Ausgangspunkt für einen ausgedehnten Architekturdiskurs sein), doch im Gegensatz zu Piranesis Phantasien, wo die graphische Darstellung die einzig denkbare Realität sein kann, sind seine Gigantomanien für die Realisierung bestimmt, ortlose Gebilde für eine in den Grundzügen bereits festgelegte ideale Gemeinschaft, eine Sekte, wenn man so will (Jahnn würde sich gegen diesen Begriff wohl vehement gewehrt haben): die Kult- und Begräbnisstätten von Ugrino.

1 »Die Domkirche zu Trondhejm« (1917), in: Jahnn 1991, 191-198; hier 198.

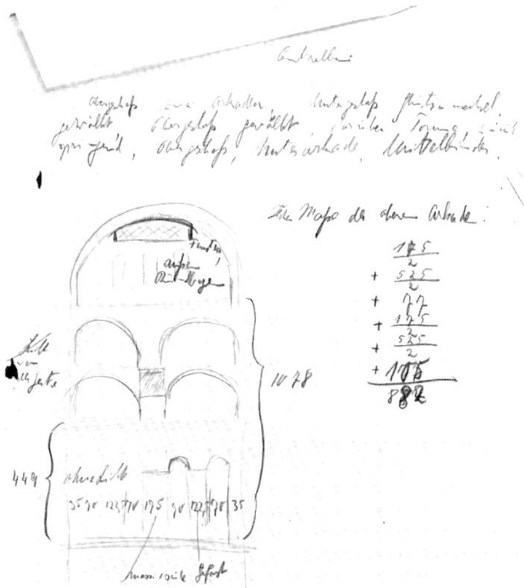

Hans Henny Jahnn, Ugrino, Großer Centralbau, Arkadenaufbau, Skizze, um 1920.

»Centralbau / Obergeschoß zwei Arkaden, Untergeschoß Stützenwechsel, gewölbt, Obergeschoß gewölbt, darüber Tonne, zurück / springend, Obergeschoß, Unterarkade, Mittelbinder. / Höhe Maße der oberen Arkaden / Fenster / Außen / Rundbogen / Licht / von / der Seite / ohne Licht / 35 70 122,5 70 175 70 122,5 70 35 / Massivsäule Gefast / Maße der oberen Arkade: 175:2 / +525:2 / +77 / +175:2 / +525:2 / +105 // 862«.

In Norwegen waren die ersten großen Werke für die Bühne entstanden, »Die Krönung Richards III.« und »Pastor Ephraim Magnus«, ein Hauptwerk des expressionistischen Dramas, für das er 1920 den Kleist-Preis erhielt. Dieses Stück exponiert, ohne unmittelbar von der Architektur zu handeln, Grundmotive von Jahnns eigentümlicher Annäherung an die Baukunst. Seine Schauplätze, Pfarrhaus, Gerichtssaal, Sakristei und Kreuzgang, umkreisen den Raum des Doms, nähern sich ihm an, doch bleibt dieser heilige Ort das unzugängliche Zentrum. Jahnn deutet einen Zusammenhang an zwischen dem Raum – dem Sakralraum, dem einzig seine Aufmerksamkeit gilt, in seiner konkreten Form – und dem Licht, der Leiblichkeit und der Idee des Numinosen:

EPHRAIM: Wenn man das könnte: Gewölbe bauen, die niemals einstürzen, und in die hinein niemand dringen kann.

JOHANNA: Licht muß hineinfallen, Licht! [...] Du mußt Gewölbe mit hohen Fenstern bauen. [...]

EPHRAIM: Nein, nein, wir haben nichts mit der Sonne zu schaffen; es ist dies eine Einbildung. An der Sonne brüten sich all diese Wesen aus, die im tiefsten Grunde unheilig sind...[2]

Kernpunkt jahnnscher Architektur ist das geschlossene Gewölbe, das Grabgewölbe; Ephraim läßt er sagen: »Ich wollte Dome predigen mit dicken Mauern und einigen Wölbungen – mit Grabkammern unter dem Boden, in denen die Toten in eichenen und Marmorsärgen liegen, einbalsamiert, damit sie nicht verwesen.«[3]

Sein Interesse gilt hauptsächlich dem Aufhäufen von gewaltigen Steinen, einer Verbindung ägyptischer Masseästhetik mit romanischer Körperhaftigkeit: Werke, die auf Ewiges zielen, als Strategie gegen die Verwesung des Leibes. Verletzung, Zerfall und Verwesung sind beständig, wie zwanghaft wiederholte Motive im Werk; eine von

2 Jahnn 1988, 150.

3 ebd., 146.

Jahnns Obsessionen betrifft den Körperpanzer und die von ihm umschlossenen Flüssigkeiten. In diesem Sinn sind die verschlossenen steinernen Grabgewölbe als Leibabbildungen zu sehen, als Gegenstück zum Bild des Körpers, wie es die schauerliche Tat Jakobs im Drama zeigt: Dieser ermordet eine Prostituierte, indem er ihren Leib aufreißt und ihr, in dem verzweifelten Bemühen, unter der Maske der äußeren Erscheinung etwas Festes, Dauerhaftes zu entdecken, die Haut vom Gesicht abzieht. Diese Öffnung des Leibes (ein Motiv, in dem das ägyptische Totenritual anklingt und das so im Zusammenhang mit der Idee der Ewigkeit und der Architektur der Grabmäler steht), das Eindringen in den Körper (hier ist die sexuelle Konnotation unverkennbar) wiederholt sich später in »Fluß ohne Ufer«, in der mit akribischer Ausführlichkeit beschriebenen Einbalsamierung Alfred Tuteins durch Gustav Anias Horn (an dessen Namenswahl Arno Schmidt sicherlich sein Vergnügen gehabt haben wird).

Neben den Arbeiten für das Theater entstand als erster größerer Prosatext das Romanfragment »Ugrino und Ingrabanien«. Schon 1913 hatte Jahnn dieses sein Orplid als auf einer Nordseeinsel gelegenes Schloß imaginiert, wo er, der sich für den »Größten der Jetztlebenden« hielt (nur die Lumpe sind bescheiden) über glückliche Anhänger herrschen wollte. Nun, in Norwegen, macht er sich an die Ausarbeitung seiner Phantasien, zunächst literarisch: »Ich fühlte, daß meine Füße eine Treppe hinaufstrebten, daß der Hof sich hinter mir schloß, vor mir das Halbdunkel eines runden Raumes warm für mich wurde. Von oben nur spärliches Licht, das in eine flache Kuppel geschnitten war. Die Wände dieses Raumes aber glitten in das Sinnen hinein, rückten die Quader bis ans Herz hin an, um der Kuppel entgegenzueilen, sie an den Boden zu schmieden. Mein Herz bebte vor Entzücken. Ich drängte mit den Händen gegen die Wände, die mich empfangen wollten wie einen Geliebten. Ich umschritt den Kreis, alles vergessend.« In dieser Art geht es weiter, führt schließlich ›hinunter in der Erde Schooß‹, um mit Novalis zu sprechen, zum Allerheiligsten: »Abbild des Ewigen und Unendlichen — Nur Kuppel wie ein Himmel, flach über uns, in der Ferne Rund. Die Kuppel trugen Mauern, die ihr entgegenwuchsen. Nach diesem Raum gab es kein Weiter. [...] Wer war der Frevler, der an diesem Ende ein Orgelwerk errichtete, daß noch mit Tönen ein Ausbrechen geschehen konnte? [...] Die Wände schlossen mich ein, zernichteten alle Welt.«[4]

Jahnn macht sich nun daran, dieser Phantasie – oder Utopie – konkrete Formen zu verleihen. Die Idee Ugrino sollte in steinerne und soziale Wirklichkeit gerinnen, nach dem Ende des Krieges als ein Ort geschaffen werden, von dem die geistige Erneuerung Europas ihren Ausgang zu nehmen bestimmt war.

Doch diese Idee Ugrino – woran läßt sie sich festmachen? Das Gründungsdokument, die sogenannte »Approbationsurkunde A« vom 2. Juni 1919,[5] bleibt eigentümlich unbestimmt, spricht von der »Pflicht vor dem unbestreitbar Erhabenen, das sich durch Leiber in der Gestalt eines Menschen auswirkte«, von der »Genugtuung des Gelobten, das die Schöpfung zu einer vollkommenen machte«, von einem nicht näher bestimmten »zu Schaffenden«, in dessen Dienst es »das Maß des Wirkens« ganz zu stellen gälte. Dies sei »eine so überaus befriedigende [...] Basis [...] für einen gemeinsamen Glauben; die Sehnsucht von Zehntausenden der Besten« sei hierführ Beweis genug. Etwas weniger dunkel wird der Text erst, wenn es um die Errichtung von Gebäuden geht; Jahnn, der sich als Dichter bezeichnet, und die beiden anderen Gründungsväter, sein Freund Harms und der Bildhauer Franz Buse, »sind übereingekommen, den Segen der Form zu nutzen, das höchste Maß an Erleben aufzuweisen, einen Ort letztlicher Befriedigung zu schaffen. Deshalb ist es ihr Wille geworden, zum ersten ein Bauwerk oder eine Gruppe von Bauwerken zu errichten, die, wenngleich sie aufgrund äußerer Beschränkung, nicht die letzte Möglichkeit des beschränkten Raumes darstellen, dennoch in der Grenze ihrer Entfaltung den umschlossenen Raum zum Sein

4 Jahnn 1993, 1298 ff.

5 Jahnn 1991, 44-50.

Hans Henny Jahnn
»Ugrino, erste Kultstätte, Glockenturm an der Mauer. Ansicht von Süden.« 1919-21

erheben, seinen Rhythmus, seine Tiefe bewußt werden läßt, süß und sicher genug, jedes Gefühl, jede Gebärde in sich einsinken zu lassen«. Jahnn wird dann konkreter, spricht von »Sälen, Säulenhallen, Gärten, Höfen, Kapellen, Kirchen«. Diese Bauwerke, unzweifelhaft als Jahnns Schöpfungen gedacht, sind berufen, Statuen und Bildwerke aufzunehmen; hier sind natürlich diejenigen Buses gemeint. Die Liste der zu Konterfeienden ist ästhetisches Programm: Literatur wird mit Marlowe und Büchner angesprochen, Malerei in Grünewald und Rembrandt, die Musik erscheint mit Bach und Buxtehude (dessen Gesamtwerk später vom 1921 gegründeten Musikverlag Ugrino herausgegeben wurde). Außerdem wird der Bau einer Orgel ins Auge gefaßt.

Die ›Idee‹ der Glaubensgemeinschaft, dieser Eindruck drängt sich auf, scheint so in erster Linie in der Andeutung eines ästhetischen Konzepts bestanden, ihre Aufgaben und Ziele, soweit sie sich aus dem schriftlich Fixierten erschließen lassen, sich auf die Realisierung von der Imagination Jahnns entsprungenen Bauphantasien beschränkt zu haben.

Diesen Eindruck bestärkt die »Verfassung der Glaubensgemeinde Ugrino« von 1921.[6] Auch sie behandelt bevorzugt die Bautätigkeit, der »letzte und höchste« künstlerische Maßstäbe zugrunde gelegt werden sollen. Die Baukunst, heißt es in § 4, »steht deshalb so sehr im Vordergrunde alles zu Erschaffenden, weil sie aus dem Urgefühl der Masse mit ihrer Sprache redet, weil in ihr die Gefühle des Todes überwunden werden, weil sie das Werk einer Vielheit ist, weil sie die Lebensbedingung und Heimat der anderen Künste ist. — Welche Tat will Ugrino tun?« fragt Jahnn in der Präambel, und er gibt die Antwort: »Errichten, was wir nicht besitzen, [...] Aufrichten eine Kultur, die noch nicht war, die aber in vereinzelten Werken in unsere Zeit hineinragt, in den Werken der Genies, in den Domen aus romanischer Zeit, in den Tempeln und Grabbauten der Ägypter.« Auch hier

6 ebd., 53-99.

offenbart sich, wie sehr Ugrino im Architektonischen wurzelt, wie weitgehend es seine Konzeption Jahnns Architekturphantasien verdankt, und es drängt sich der Verdacht auf, Jahnns Absicht bei der Gründung habe nicht zuletzt auf die Schaffung von Voraussetzungen gezielt, die es ihm erlauben sollten, seinen jugendlich-pubertären Allmachtsträumen von architektonischen Gigantomanien eine steinerne und ewige Wirklichkeit zu geben. Die »Verfassung« beschäftigt sich denn auch ausführlich mit der Finanzierung, wobei die aufgeführten Geldbeträge nicht eben bescheiden sind, eher der titanischen Aufgabe angemessen als der dürftigen Wirklichkeit, mit der Jahnn und sein Kreis sich tagtäglich konfrontiert sahen. Er sollte später, in seinem Romanerstling »Perrudja«, den Titelhelden zum Herrn eines weltumspannenden Konzerns machen und mit ebenden Mitteln ausstatten, die für seine eigenen Ziele notwendig gewesen wären.

Fast überflüssig zu erwähnen, daß solche Machtphantasien sich auch in der hierarchischen Struktur Ugrinos niederschlagen – die Gemeinschaft ist auffällig bürokratisch organisiert, erweist eine fast preußisch anmutende Ästhetisierung des Beamtentums. Jahnn, der Spiritus rector, ist als Baumeister natürlich das Oberhaupt, und wohl nur nominell sind ihm Buse und Harms gleichberechtigt zur Seite gestellt; seine ästhetischen Überzeugungen sind unumstößliches Gesetz. Von den Baumeistern (von denen es jeweils bloß einen gibt, der dieses Amt auf Lebenszeit bekleidet) fordert § 18 r, sie »müssen knabenhaft begabt sein und mit der Voraussetzung des Gefühls dem schweren Block gegenüber begonnen haben. Sie müssen mit der Schachbrettaufteilung und Verteilung von Masse und begrenztem Raum im Grundriß bewandert sein, und diese gefühlsmäßige Statik muß ihnen natürlich sein, ihrem Empfinden entsprechen.« Dies alles klingt nicht wenig nach esoterischem Raunen; wenigstens machen solche Sätze nicht den Eindruck, ein Bedürfnis nach Klarheit und Unmißverständlichkeit habe den Autor angetrieben.

Klar und eindeutig allerdings sind die Angaben zur Sepulkralarchitektur und zu den Bestattungsbestimmungen, die in den 53 Paragraphen einer eigenen Schrift von 1922 ausführlich niedergelegt sind.[7] Hier schließt sich der Kreis: Grundlage für beides, Architektur wie Totenkult und Bestattungswesen (soweit sich die Bereiche hier trennen lassen) ist Jahnns Obsession mit dem Tod und der Verwesung des Leibes und sein fast zwanghaftes Bestreben, die Auslöschung des Ichs zu überwinden in der Schaffung von Dauerhaftem und der Konservierung der Überreste des Körpers.

Jahnns Glaube war diesseitig, eine Fortexistenz nach dem Tode gab es für ihn nicht. Hingegen war er der Überzeugung, daß in den Knochen individuelle Erinnerungen eingeschlossen seien, weshalb es gälte, sie so lange wie möglich zu erhalten. Das »Bekenntnis des Gefühls zum Stoff«, die »Überwindung des Todes im lastenden Gebilde«, wie er seine Obsession mit der Baukunst begründet, die Frage nach dem Dauerhaften, dem ›Ewigen‹, bestimmt auch sein Suchen nach ›ewigen‹ Gesetzmäßigkeiten, die sich in der Beschäftigung mit harmonikalen Systemen in Architektur und Musik zeigt – auch in der Skulptur, doch überläßt er dieses Feld dem Bildhauer Buse.

Das Thema der ganzzahligen Proportionen handelt Jahnn neben anderem in der programmatischen Schrift »Einige Elementarsätze der monumentalen Baukunst« aus dem Jahr 1921 ab,[8] dem Werk, mit dem er sich am weitesten ins Gebiet der Architekturtheorie vorwagt (und es ist immer wieder überraschend, wie unvoreingenommen, ja unverfroren er sich hier bewegt). Der Baumeister, behauptet er, habe »keine andere Wahl, als die Form aus den Elementen des zahlengebundenen Rhythmus abzuleiten.« Hier erwähnt er zunächst die pythagoräische Tetraktys 1:2:3:4 (ohne Pythagoras zu nennen), um dann zu seiner bevorzugten Proportion 5:7 zu kommen, dem »gefühlsmäßig erkannten [...] mystischen Baurhythmus«.

Das ständige Beharren auf Gefühlsmäßigem stimmt einen beim Lesen alsbald ein wenig mißtrauisch. So ist von einem »Gefühl für

7 »Bestattungsbestimmungen«, in Jahnn 1991, 100-112.

8 Jahnn 1991, 213-400. Zu Rhythmus und Proportion 225 ff.

die Rundbogen der Fenster« die Rede, vom »ästhetischen Gefühl«, aus dem der Baumeister die Richtlinien schaffe; eine »gefühlsmäßige Statik« wird gefordert, die von der mit wegwerfender Verachtung bedachten auf Berechnung gegründeten abweicht, und unser Oberster Baumeister meint, es gäbe »in der Baukunst gar keine andere Wirkungs- und Betrachtungsmöglichkeit als die durch Gefühle in uns verankerte«. Hiermit verbindet er unauflöslich die Begriffe ›Wissen‹, ›Glauben‹ und ›Wahrheit‹: »Man kann Unglauben streuen unter denen, die nicht im Gefühl sicher sind, das ist wahr; die Wissenden aber werden an ihre Potenz glauben und schaffen aus der lautersten, einzigen Wahrheit ihres undiskutierbaren Gefühls.« – Ein Satz, der als Fallbeispiel in einer psychologischen Betrachtung der Ästhetik einen Platz verdiente; als Begründung einer ästhetischen Doktrin, als Festschreibung einer absoluten, als ›ewig‹ postulierten Architektur kann man ihn nicht ohne leisen Schauder lesen.

Doch kann man sich des Eindrucks nicht ganz erwehren, trotz all dieses sektiererischen Gedröhns wolle sich hier einer immer auch selbst überreden, sei dies nicht zuletzt geschrieben, weil der eigenen Überzeugung gegenüber doch eine beträchtliche Unsicherheit bestehe, die es zu verdecken gelte. Nicht von ungefähr klingt der Begriff ›Sicherheit‹ in den »Elementarsätzen« regelmäßig an – er spricht zum Beispiel von der elementarsten Forderung des Menschen, »nicht zweifeln zu müssen, sondern zu wissen«,[9] und auch das häufig zitierte ›Ewige‹ hängt unverkennbar hiermit zusammen. Die Sicherheit steht in enger Verbindung zu der von Jahnn entwickelten Ästhetik der Masse – und hier zeigt sich der originellste Teil seiner Betrachtungen zur Architektur. Bei den Exkursen zu ausgewählten Beispielen der Baugeschichte (die er mit ganz wenigen Ausnahmen nicht aus eigener Anschauung kannte) behauptet er von der Hagia Sophia, sie sei »statisch unvollkommen«, und es komme »unter diesen mächtigen Wölbungen dem Wissenden ein Gefühl der Unsicherheit«, und zwar,

9 ebd., 221.

weil hier der Raum und nicht die Masse der Bauidee zugrunde gelegt sei. Er resümiert: »Ich vermag also diesem sogenannten Markstein der Baukunst gegenüber kein Gefühl der Bejahung aufzubringen.«[10]

Nur die Masse, keinesfalls der Raum kann Grundlage und Ausgangspunkt aller Baukunst sein; die Architektur wird auf eine ganz spezifische Wirkung der Masse hin untersucht, und die Masse und ihr Ausdruck (er verwendet den Begriff ›Ästhetik‹ nicht) sind die Kriterien, nach welchen ein Gebäude gelten kann oder verworfen wird. Jahnn bezeichnet dies als das ›Monumentale‹; es wirke »durch das Gefühl aus der materialgebundenen Masse, durch die Schwere ihres Gefühls, das mit geschlossenen Augen vernommen werden kann, das der Musik seltsame Schwingungen verleiht, dem Licht ein Abirren, nicht meßbar jenseits der Farbvaleurs, gibt«.[11] Nimmt man dies genau, so wird hier die Existenz eines noch unentdeckten Sinnesorgans postuliert, das den Menschen – oder jegliche Kreatur – Masse unmittelbar wahrnehmen läßt und das als Grundlage aller Architkturerfahrung verstanden wird. »Der Begabte sieht auch mit der Oberfläche der Haut. Die Masse nämlich«, wird er einige Jahre später im »Perrudja«, seinem ersten Roman, festhalten, wo der Architekt seine Einwände gegen die vom Bauherrn geforderten zu dicken Wände zurückzieht – »Was konnte gegen Karnak eingewendet werden?« – und sich, »ein wenig beschämt vor dem ungelernten Meister«, verkriecht, nachdem er »Gefallen an dem kühnen und einfältigen Baugedanken« gefunden hatte.[12]

Zum Abschluß der Ausführungen über Jahnns theoretische Betrachtungen zur Baukunst sei eine kurze Passage vom Ende der »Elementarsätze« zitiert, die man als sein mit erstaunlich schlichten und verständlichen Worten formuliertes architektonisches Credo bezeichnen könnte: »Wir wollen Stätten schaffen, wo nach des Lebens Ziel,

[10] ebd., 243.
[11] ebd., 217.
[12] *Perrudja I*, 289.

würdig und nicht theaterhaft verlogen, im Tod die letzte Bestimmung zum Diesseits oder Jenseits heranreift. Wir wollen das Leben nicht in Episoden auflösen, wir meinen es als Ganzes, wir wollen eine Arbeit von jedwedem, die sich als Werk erschließt, nicht als Unnützheit.«[13] Hiermit endet Jahnns aufs Bauen, also aufs Praktisch-Tätige gerichtete Beschäftigung mit der Architektur, wenn man einmal davon absieht, daß er in den Dreißigerjahren, im abermaligen Exil, auf Bornholm einen kleinen Anbau an seinen Bauernhof vornahm, der dann in der Nachschrift zu »Fluß ohne Ufer« den literarischen Niederschlag finden sollte.

Vom Standpunkt des Architekten aus betrachtet, wird weder seinem theoretischen, geschweige denn seinem praktischen Beitrag auch nur annähernd eine Bedeutung zuzugestehen sein, die derjenigen entsprechen könnte, die er selbst ihr beimaß. Auch mit dem zweifellos originellen Ansatz der ›Massentheorie‹ läßt sich nur wenig Konkretes beginnen; versuchte man, sich eine Architektur vorzustellen, die solches sich zur Grundlage erwählte, so würde die beschränkte Reichweite schnell deutlich. Es bleibt also das Wort, die eigentliche Domäne des Ungebauten, und hier eröffnet sich nun eine Welt von ganz eigentümlicher Faszination. Denn die Architektur in Jahnns Romanen, im »Perrudja« und in »Fluß ohne Ufer«, zieht, gerade in ihrem obsessiven Charakter, in der schroffen Unvermitteltheit ihres Erscheinens und der gleichzeitigen Verwobenheit in die Erzählstruktur, ganz unmittelbar und wie wenig anderes in ihren Bann.

Im »Perrudja«, seinem 1929 erschienenen Erstling, ist die Rede von gewaltigen Bauphantasien, steinernen Architekturträumen, denen sich der Protagonist hingibt, als Herr eines riesigen Konzerns mit unbeschränktem Reichtum ausgestattet, und in dessen Figur und Rolle der Autor seine eigenen Obsessionen gegossen zu haben scheint: »Ein halbes Jahr später war aus den Bauplänen Perrudjas eine steinerne Wirklichkeit geworden. [...] Geduckt, graubraun, ein Kreis gleich-

13 Jahnn 1991, 257.

mäßiger Kuppelbauten, eng aneinandergedrängt, ineinander gefaltet und gebuchtet wie eine befestigte Stadt, jedes zylindrische Glied für sich turmartig hoch aufgeschossen – steinerner Mantel für zwei Geschosse – lag das Haus, die Burg auf einer großen nackten Kuppe.«[14] War schon in die Beschreibung des Entwurfsvorgangs eine »Erschütterung, die sein [Perrudjas] bisheriges Leben entwurzelte« eingeschoben, als er nämlich nachts die Küchenmagd beim Waschen beobachtet und vom Anblick ihrer bloßen Brüste verstört wird,[15] erweist Jahnns Architektur hier, vielleicht nicht unbeabsichtigt, in der sexuellen Terminologie ihre erotische Komponente, zeigen sich seine Bilder als Leibabbildungen: »geduckt« und »eng aneinandergedrängt« – von »turmartig hoch aufgeschossenen zylindrischen Gliedern« ist die Rede, von »zwei Geschossen« und einer »nackten Kuppe«. Später heißt es: »Apfelgleiche weiße Brüste dufteten ihm entgegen aus allen Wölbungen seines Hauses.«[16]

Das Verwobensein der architektonischen Bilder mit dem Leiblichen, mit Blut, Zeugung, Verfall, Tod, Verwesung, in Verbindung mit Kunst, Literatur und Ritual, nebenbei bemerkt auch mit Jahnns Obsession mit dem Urin, zeigt der Bericht vom Admirals-Palads-Kino-Theater in Oslo, wo der Abort mit seinen Graffiti beschrieben wird:

»›— Man gelangt durch einen langen Gang dorthin. Es ist fast dunkel auf dem Gange. Eine Ecke. Man kann an dem Ort vorüberlaufen. Man würde dann in die Kammer des Operateurs gelangen. Biegt man in den zweiten Gang ein, kann man nicht fehlen. Man wendet nochmals, als ob man im Kreise ginge. Dann ist man dort. Erinnerst du dich nicht? Wenn man an der Wand steht, liest man alles was ich meine. Es ist sehr ausführlich geschrieben. Vortreffliche Zeichner haben sehr lebenswahr und in natürlicher Größe zu den Worten Abbildungen gegeben. Niemand wischt die Zeichnungen

14 *Perrudja I*, 289.
15 ebd., 219 ff.
16 ebd., 329.

fort, weil sie für unübertrefflich gelten. Man sagt, der Besitzer wagt es nicht, weil es ein altes Recht ist, daß es dort steht. — ‹

Wie im Kreis. Doch kantig. Nicht ins Offene, ins Innere. Wie der Palast des Minos zu Knossos. Schriften oder Münzen. Spirale, die nicht von Kurven lebt, die im Quadrat gefangen sitzt. Im innersten Kern ein Stiermensch, Minotauros. Die Griechen haben es Labyrinth genannt. Hundert dunkle Räume, in rechten Winkeln geschnitten. Quadern, schmale Fugen. Die Decke ein einziger großer granitener Stein. Darin Zeichen, Symbole und Realitäten des Stiermenschen. Kurze dicke Hörner. Männliche Zeugungsglieder. Vergewaltigen und töten. Jungfrauen verbluten. Sie können nicht fliehen. Einhundert Zimmer. Sie verbergen sich. Der Stiermensch findet sie. Begattet und frißt. Schlägt wieder von sich in riesigen Haufen Kot. Er füllt die Kammern damit. Es ist das kürzeste Verwesen der Jungfrauen. Heute eine Lilie, morgen ein Ekelhaftes. Darum ist das Weibliche, das schwanger wird, göttlich. Das Verzehrende männlich. Dämone ohne Herz.«[17]

Das Labyrinth ist, neben Grabkammern und Türmen (Assyrisch-Babylonisches spielt in beiden Romanen eine Rolle: Zikkurat und Gilgamesch-Epos), der dritte Fixpunkt der Architektur im Roman. Die Bauten sind stets auch als Abbildungen des Leibes zu verstehen, des Leibes als eines labyrinthischen Gefäßes; Labyrinthe sind Perrudjas Burg und das Kino in Oslo. Labyrinthisch ist auch das Holzschiff, das dem ersten Teil von »Fluß ohne Ufer« seinen Titel gibt. Holz ist für Jahnn, der ja für sein eigenes architektonisches Werk ausschließlich in der Dimension des Steinernen dachte, grundsätzlich kein Stoff für Bauwerke; Perrudja geht so weit, das Holz aus seinem Haus ganz zu verbannen. Jahnns Vater hatte in seiner Jugend als Schiffszimmermann gearbeitet und war später in der Schiffstischlerei des Bruders beschäftigt; Schiffsbau und Holz gehören also der verachteten Welt des Vaters und der bürgerlichen Familie an, und es dürfte beim Schiff

17 ebd., 315 ff.

sicherlich auch das antibürgerliche Moment des Aufbruchs ins Abenteuer mitspielen.

Dieses Schiff, die ›Lais‹ – schon sein Name, der zweier berühmter korinthischer Hetären, weist auf Leibliches – ist gänzlich aus Holz gebaut, es befindet sich an Bord kein einziges Teil aus Eisen: ein schwimmender Anachronismus von zweckloser Schönheit. Genauer: Sein Zweck und Wesen bleiben verborgen; das Labyrinth enthält ein Geheimnis, das weder die 1700 Seiten des Romans noch die 400 des Epilogs lüften werden.

Von Anfang an bleibt das Schiff unvertraut, undurchdringbar. Die erste Beschreibung von außen schafft zunehmend Unklares, und die Sicherheit des Betrachtenden wird bereits am Beginn zerstört. Beschwichtigungen wie »Alles in Ordnung. Ein höchst sicheres Schiff« steigern bloß das Gefühl von Geheimnis und Unbehagen. Und beides, Unbehagen wie Geheimnis, sind aufs engste mit der räumlichen, der architektonischen Situation verflochten. Struktur und Topologie sind dem Erkennen verborgen; der Leib des Schiffes zeigt sich als absurde Räumlichkeit, deren Zusammenhänge auch den vermeintlich Eingeweihten unbekannt bleiben. Systematische Untersuchung vermag nicht, Licht ins Dunkel des Labyrinths zu bringen. Und auch wenn für Gustav, den Protagonisten, nachdem er planvoll alle Winkel durchstöbert hat und es ihm gelungen ist, die vermuteten geheimen und verbotenen Räume von außen einzukreisen, das Verborgene »die unheimliche Anziehungskraft des Unbekannten« verliert und »sein Glaube an eine plötzliche Erleuchtung« – er ist auf verzweifelter Suche nach seiner verschwundenen Verlobten Ellena – immer stärker wird, ja, er sich schon unmittelbar vor der Lösung der Rätsel wähnt, so zeigt sich diese vermeintliche Gewißheit als die folgenschwerste Täuschung: Beim Versuch, einen der mysteriösen Laderäume gewaltsam zu öffnen, stoßen die Geheimnissucher auf eine Bronzeplatte; diese wird zerschlagen, der Raum erweist sich als mit dem Meerwasser verbunden, die ›Lais‹ geht unter und nimmt sowohl ihr Geheimnis wie auch Ellenas Leiche (Gustavs Braut war von dem Leichtmatrosen

Tutein, seinem späteren Lebensgefährten, ermordet worden) mit sich in die Tiefen. Die Katastrophe ist somit die Folge einer räumlichen Fehleinschätzung, eines architektonischen Mißverständnisses beim Versuch, die Ordnung des Labyrinths zu ergründen.

Wie sehr dies in den Komplex des Körperlichen verflochten ist, zeigt der Blick auf eine mit diesem Schiffsuntergang verbundene, möglicherweise unbewußte Leibabbildung, die einige Zentralmotive Jahnns zusammenführt. Er läßt in der »Nachschrift«, dem trotz seines Titels mit Abstand umfangreichsten Teil des Romans, Horn in Erinnerung an die Katastrophe schreiben: »Mir war, als ob gelb und weiß die Galleonsfigur sich durch mich hindurchpflügte. Ich mußte stärker an den Bau des alten Lionel Escott Macfie denken [den Erbauer des Holzschiffs], an das zwecklose Bronzegelaß, das mit Meerwasser gefüllt war.«[18] Faßt man das Schiff als Körper auf, so ist der wassergefüllte, verschlossene Raum, in dem das Geheimnis vermutet wird, ein Bild der Harnblase – die Wortwahl kann als Hinweis gelten, denn im ›Bronzegelaß‹ stecken sowohl ›brunzen‹ wie ›Wasser lassen‹. Auch beim Gelb, Jahnns Lieblingsfarbe, ist ein Zusammenhang mit dem Harn nicht von der Hand zu weisen – des Autors Interesse am Urin kulminiert in seinen späten sogenannten Hormonversuchen, und eine Episode des »Perrudja« berichtet, in einer Art Inversion des Schiffsuntergangs, von einem kleinen Jungen, der im Hallenbad vom Bekkenrand aus ins Wasser pinkelt; den aufgebrachten Bademeister versucht Perrudja mit der Bemerkung zu besänftigen, es gebe wenig Reineres als den Urin so kleiner Knaben.

Der Leib geht also an einer Verletzung des Urogenitalapparats zugrunde, mit großer Wahrscheinlichkeit eine der obsessiven Ängste Jahnns, die sich hier, entlang der Grenze zur Bewußtwerdung, ihre Bahn in den Roman bricht.

Die »Nachschrift« handelt verschiedentlich von Architektur. Der Bau eines bescheidenen Hauses wird beschrieben, »Schutz gegen den

18 *Fluß ohne Ufer I*, 338.

Winter, Heim und Heimat« den im Exil Gestrandeten – doch auch diese Sicherheit wird nicht von Dauer sein: Es wird zum Schauplatz von Tuteins Tod und seiner in den Leser zermürbender Ausführlichkeit geschilderten Einbalsamierung durch den Freund Horn,[19] später Ort der nicht weniger schrecklich zu lesenden Ermordung von Horn selbst,[20] bei der auch, mit alttestamentlicher Grausamkeit, seine Tiere, Pferd und Hund, erschlagen werden.

Darüber hinaus gibt es über lange Strecken Architekturtheorie: Was in den diesbezüglichen Schriften im Umkreis Ugrinos niedergelegt wurde, erscheint hier, zwei Jahrzehnte später, lange nach dem Scheitern der architektonischen Allmachtsphantasien, in gereifter, gemilderter Form, ohne den schmerzhaften, brennenden Überschwang und ohne die Hoffnungen der Jugend in resignierter Essenz: »Das Genie hat in unserer Zeit keine Helfer mehr [...]. Es verkümmert oder geht unter, wenn es Tempel errichten will. Die tätigen Hände fehlen. Steine und Mörtel fehlen. Es ist eine grenzenlose Dürftigkeit. Der moderne Komfort schließt alle Verschwendung der Seele aus. [...] Das Genie des Bauens ist ausgestorben, seitdem es nur Zweckbauten gibt, Konstruktionen, irrsinnige Pracht und nutzlose Fassaden. Man darf annehmen, daß die Musik ein Ausweg geworden ist, ein Ersatz für das räumlich Erhabene [...].«[21]

Der Architekturexkurs der »Nachschrift« ist ein präzisierendes Resümee des früher Formulierten. Jahnn bedient sich hier im literarischen Kontext noch einmal des eigenen Frühwerks: drückt sein Mißfallen gegenüber der Gotik als der »ersten kristlichen Baukunst« aus, seine Mißachtung der Ingenieurbauten, lobt St. Front und die romanischen Kirchen als »die letzten heidnischen Tempel« und beschwört die Architektur in einer bemerkenswerten Reduktion mit resignierender Polemik, die sich gegen alle Zeitströmungen stemmt,

19 *Fluß ohne Ufer II*, 147 ff.

20 ebd., 701 ff.

21 *Fluß ohne Ufer I*, 682.

als »die zweckloseste der Künste«: denn »nur das Zwecklose wird vom Hauch des Ewigen berührt. Man kann Wolkenkratzer so hoch bauen, wie man es vermag, es werden keine Türme sein.«[22]

Ans Ende sei hier eine Textstelle aus der »Nachschrift« gesetzt, die man als Jahnns architektonisches Glaubensbekenntnis auffassen kann und wo die Themen, um die sein Denken kreist, in der »Tatsächlichkeit des Steins« zusammengefaßt sind:[23] »Die Baukunst ist eine Kunst der Masse. Jedes Bauwerk ist eine Höhle – erhöhlter Stein. Der Atem des Steins ist die Gravitation. Wird dem Stein der Atem genommen und der Raum an sich geschaffen, entsteht die Kulisse. [...] Die romanischen Bauten [...] sind vom Geiste des Steins. In ihnen sind die Gewißheiten der wirklichen Welt. In ihnen ist der Leib der Erde. In manchen fühlt man sich wie vom Stein umarmt, gar nicht geängstigt, sondern befriedet. [...] Den Stein, der noch nicht an den Formen zergangen war, konnten wir lieben.«

Für Hans Geigenmüller

[22] *Fluß ohne Ufer II*, 297.
[23] *Fluß ohne Ufer I*, 683.

—

Die Texte von Hans Henny Jahnn wurden nach den folgenden Ausgaben zitiert:

Perrudja, 2 Bde., Berlin 1929.
Fluß ohne Ufer, 3 Bde., Hamburg 1986.
Dramen I, hrsg. v. Ulrich Bitz, Hamburg 1988.
Schriften zur Literatur, Kunst und Politik 1915-1935, hrsg. v. Uwe Schweikert, Hamburg 1991.
Frühe Schriften, hrsg. v. Uwe Schweikert, Hamburg 1993.

VOM SEGENSREICHEN WIRKEN DER FEHLER
Eine Gegenposition

IN EINEM um 1960 entstandenen Entwurf für ein Fernsehspiel, einer so amüsanten wie grotesken Pilgerfahrt durch von abenteuerlichen Spukgestalten bewohnte Galaxien, imaginiert Stanisław Lem Gott nicht, wie es in der Nachfolge des Augustinus das Mittelalter tat, als Autor – Verfasser zweier Bücher: der Heiligen Schrift und der Welt –, nicht wie die Renaissance als bildenden Künstler, dessen Kunstwerk, *ars dei*, die Schöpfung ist, oder, wie das 17. und das 18. Jahrhundert, als Uhrmacher, sondern als einen Koch, der, riesig, gutmütig und recht zerstreut, mit sanftem Baß Rezepte murmelnd, spiralförmige galaktische Fladen rührt. Unterläuft ihm, was nicht selten vorzukommen scheint, ein Fehler, so brennt der Sonnenteig an, es bilden sich Klümpchen, und das Ganze wird zu kleistriger Suppe; nach dem Erkalten entstehen Eiweiße, Evolution und Menschheit und Zivilisation – das Rezept ist tüchtig mißlungen. Der zerknirschte Demiurg, untröstlich ob dieses Malheurs, entschuldigt sich bei seinen Geschöpfen.[1]

Das Ergebnis mag zwar ein gänzlich anderes sein als das vom Weltenbaumeister intendierte, doch geht es beim Schöpfer nicht anders zu als bei den gemeinen Köchen, wo Mißgeschicke viel weitreichendere Folgen haben als das unmittelbare Mißlingen und wo gerade die Fehler es sind, die ein Sprengen des engen Horizonts des Erprobten, ein Transzendieren des überschaubaren Kreises des Gesicherten und Gewollten erzwingen. Ist der Fehler also eine List des Geists der

1 »Die Forschungsreise des Professors Tarantoga«, in: Lem 1977, 37-106.

Kochkunst, ein etwas ruckartiger Aufbruch zu neuen Ufern? — Es ist kaum in Zweifel zu ziehen, daß ein beträchtlicher Teil der Innovationen nicht zielgerichtetem Streben, also einem Kochkunstwollen, sein Dasein verdankt, sondern aus Fehler und Malheur geboren wird – sei es, daß das Vermasselte selbst sich als unerwartete Köstlichkeit erweist, sei es, daß die Notwendigkeit zum Rettungswerk unfreiwilliger Ansporn ist und Räume eröffnet, die sonst vielleicht auf ewig verschlossen wären.

Fraglos bleibt dies nicht auf die Bereitung von Nahrung beschränkt. Die Militärgeschichte böte gewiß reichliches Material, auch die der Medizin, doch wird in solchen männerbündlerischen Gesellschaften das Lob des Fehlers noch weniger als in anderen Disziplinen gesungen werden, und Beweise oder Indizien erreichen die Öffentlichkeit bloß in Gestalt ehrabschneiderischer Verleumdungen, wie etwa das Gerücht um die Erfindung der Chiari-Beckenosteotomie, wonach zu Beginn ein Becken eher unabsichtlich durchgemeißelt worden sei.[2] Von Flemings Entdeckung des Penicillins sind ähnliche Anekdoten in Umlauf.

Eine »Universalgeschichte der Fehler« wäre ein ebenso verdienstvolles wie enzyklopädisches Unterfangen – nicht als bloßstellende Häme, sondern als eine Untersuchung, wie ein Störendes, zunächst als Falsches Aufgefaßtes, ins Positive gewendet zum Teil der Traditionslinie werden kann und sich seinen Platz im Reich des Korrekten erobert (auch der umgekehrte Vorgang wäre von Interesse) – wie darüber hinaus ein Fehler auf das Regelwerk selbst, seine Voraussetzung, modifizierend und korrigierend einwirkt.

Beschränken wir unsere Betrachtung auf die Architektur, ein Gebiet, für dessen Entwicklung die angedeuteten Niederungen des Alltags vielleicht in nicht geringerem Maße verantwortlich sind als das hehre Streben nach dem Erschließen neuer Stilhöhen und in dem es an unangenehmsten Fehlern, peinvollen Mißgeschicken nicht man-

[2] Henscheid 2000, 357.

gelt – »Bauen bringt Grauen«: Diesem durch den Reim gesicherten Aphorismus des Abraham a Sancta Clara wird wohl selten widersprochen werden.

Eines der glücklichsten Beispiele für das fruchtbare Wirken der Fehler ist Balthasar Neumanns Wallfahrtskirche Vierzehnheiligen. Der Ort, über dem sie sich erhebt, ist heiliger Boden: Hier war 1445/46 dem Schäfer Hermann insgesamt viermal Christus erschienen, als ein freundliches Kindlein, das wie Kristall leuchtete, samt vierzehn anderen Kindern, die sich als die Nothelfer zu erkennen gaben. 1739 fertigt der Architekt Gottfried Heinrich Krohne, ein in Dresden gebürtiger Protestant, beschäftigt im Kloster Langheim, zu dem der Wallfahrtsort gehörte, den Entwurf einer neuen Kirche als Ersatz für die dem Pilgeransturm nicht mehr genügende alte Kapelle. Sein Projekt eines Zentralbaus mit umlaufender Empore und kleeblattförmigem Chor, orientiert am Typus der protestantischen Hofkirche, gefiel nicht, lag, wie man befand, weitab von dem »wahren katholischen Erfordernuss«, und so wird auf Drängen des Bamberger Fürstbischofs Friedrich Carl von Schönborn, der in der Angelegenheit das entscheidende Wort hat, 1742 Neumann zugezogen (ein zweiter früher Entwurf, von Neumanns Mitarbeiter Johann Jakob Michael Küchel und ein späterer von Maximilian von Welsch spielen in unserem Zusammenhang keine Rolle).

Neumann erarbeitet nun einen nicht durch besondere räumliche Dramatik ausgezeichneten Vorschlag: eine Wandpfeilerbasilika, deren auffälligster Zug die auf gekuppelten Säulen aufliegende, flache, tambourlose Vierungskuppel ist, in die Längs- und Querschifftonnen so weit einschneiden, daß sich für die Decke der Vierung der Eindruck eines die Gewölbefläche des Schiffes weniger zerschneidenden als eher sie modifizierenden Baldachins ergeben hätte. Den Mittelpunkt der Vierung als den heiligen Ort der Erscheinung einzunehmen, war ein Gnadenaltar bestimmt.

Neumanns erster Entwurf sei, so Teufels Urteil, »eine der unwichtigen Kirchen mehr«, an der sich »eine gewisse Lustlosigkeit [...] herausspüren« lasse.[3] Doch tut er dem Obristen Unrecht, denn die Einfachheit des Schemas ist eine bloß scheinbare. Aus den erhaltenen Plänen läßt sich auf eine genau kalkulierte, spannungsvolle Ausgewogenheit zwischen organischem Einheitsraum und zur Autonomie tendierenden Raumzellen schließen, wie dies dann in Neresheim zur Ausführung kommen sollte, auf allerdings viel komplexere Weise.

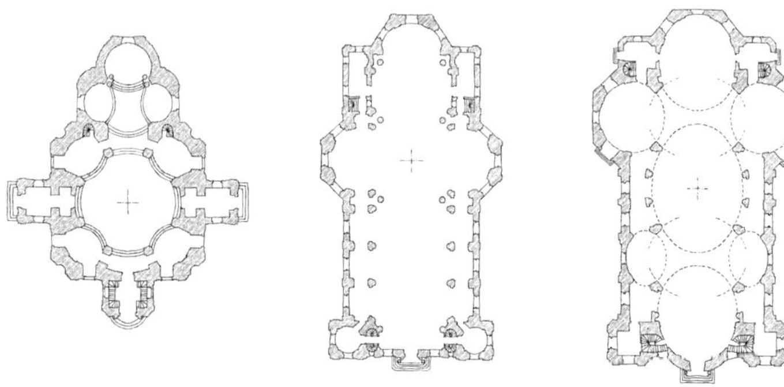

Wallfahrtskirche Vierzehnheiligen, Grundrisse Krohne 1739; Neumann 1742; Neumann 1744

Die Grundsteinlegung erfolgte im April 1743; mit der Ausführung von Neumanns Entwurf wurde der zurückgesetzte Rivale Krohne betraut, der, trotzig oder im Glauben der Überlegenheit, sich nicht an die Vorgaben hielt und den Chorraum um ein Beträchtliches nach Osten verschob. Als im Dezember diese »lutherischen Nebensprüng«[4] bemerkt und der Bau eingestellt wurde, waren die Arbeiten schon so weit gediehen, daß die Verwirklichung von Neumanns Projekt den Abriß bedeutender Partien erfordert haben würde und so

3 Teufel 1957, 25. Die ausführliche Darstellung der Baugeschichte 13 ff.

4 Aus einem Schreiben des Langheimer Abts Stephan Mösinger vom 29. Dezember 1743, nach Teufel ebd., 27.

den Auftraggebern nicht mehr vertretbar schien; auch ein Versetzen des Baus nach Osten kam nicht in Betracht, da in diesem Fall der heilige Ort des Gnadengeschehens, Ziel und Legitimation der Wallfahrt, außerhalb des dafür vorgesehenen Baldachins der Vierungskuppel, dem Zentrum des Gebäudes, zu liegen gekommen wäre.

Der gekränkte Neumann verweigerte zunächst eine Überarbeitung, hatte dann jedoch schon am 19. Januar 1744 das endgültige Projekt fertiggestellt, das nun unter der Leitung des erwähnten Küchel ausgeführt wurde, der glücklicherweise keinen ausgeprägten Hang zu Eigenmächtigkeiten erkennen ließ und nach Neumanns Tod (1753) die Arbeiten gewissenhaft zu Ende führte, auch für bedeutende Teile der Dekoration, etwa für den Gnadenaltar, verantwortlich zeichnet. Nach einiger Verzögerung durch den Siebenjährigen Krieg erfolgte erst 1772 die Weihe.

Es ist zu vermuten, daß Neumann durch die Verfahrenheit der Situation und die Schwierigkeit, vor die er sich gestellt sah, ästhetische Skrupel, die ihn wohl unter ›normalen‹ Bedingungen geplagt hätten, über Bord werfen konnte. Seine Entwürfe der frühen Vierzigerjahre lassen, wie der erste Entwurf für Vierzehnheiligen, allesamt einen Hang zu klassizistischer Bescheidung erkennen, eine deutliche Neigung zur Vereinfachung und gleichzeitig zu einer Verfeinerung der Mittel (die beiden Projekte für die Jesuitenkirche in Würzburg, 1742; Klosterlangheim, 1742/43). In der Vierzehnheiliger Not gibt er die abgeklärte Zurückhaltung auf und wendet sich erneut dem üppigen Stil der früheren Jahre zu, insbesondere der Würzburger Hofkirche, wo er in der Nachfolge Guarinis und der Dientzenhofer komplizierteste Durchdringungen elliptischer Grundrißformen und komplexe synkopierte Raumgebilde erdacht hatte.

Er entwickelt nun ein Gebäude, bei dem äußere Gestalt und Inneres in eklatantem Kontrast zueinander stehen. Statt im erwarteten einfachen Raum – basilikales Schema über lateinischem Kreuz – findet sich der Betrachter in einem widersprüchlichen, sich allen Bestimmungsversuchen verweigernden organischen Konglomerat:

Der anscheinend unendliche lichte Raum wird von ein- und ausschwingenden Kolossalsäulen und -pilastern eher moduliert als gegliedert; die Sockelbereiche deuten neun ineinandergeschobene Ovale an, die Guarinesken der Decke definieren, synkopisch hierzu, sieben gesonderte elliptische Baldachine; zwei betonte Querachsen scheinen Vierungen zu markieren und bleiben doch in derselben schwebenden Unbestimmtheit wie das ausgeklügelte System der Symmetrien, das sich in der Überlagerung von lateinischem Kreuz und biaxialem System zwischen der Dominanz des Hochaltars und des Gnadenaltars, der nun exakt die Mitte des Gebäudes besetzt, nicht eindeutig entscheidet. — Doch obwohl Neumanns Werk sich dem analytischen Nachvollzug in transzendente Komplexität entzieht, vermittelt es den Eindruck völliger Geordnetheit und, vielleicht gerade durch das Übermaß der möglichen und widersprüchlichen Bezugs- und Ordnungssysteme, keineswegs den des Beunruhigten.

Neumann fängt also die offensichtliche Unzulänglichkeit der Disposition auf, indem er sich ein aufwendiges, man könnte sagen ›heroisches‹ hochkomplexes Raumsystem ausdenkt, das, obwohl in der Wirklichkeit des Entwurfsvorgangs gezwungenermaßen den unglücklichen (oder glücklichen) Vorgaben des schurkischen Krohne nachgeordnet, als zentrale ästhetische Idee sich die Wahrnehmung vollständig unterwirft. Die wahre Dominante aller Maßnahmen ist die Geometrie des Grundrisses, bestimmt durch die problematische Konstellation von Chorraum, Vierung und Ort des Gnadenaltars, doch schafft Neumann eine ›starke‹ ästhetische Hierarchie, in der diese Geometrie auf einer niedrigen Ebene angesiedelt ist und deswegen als die Folge eben der ästhetischen Idee wahrgenommen wird. Dies erklärt, weshalb Vierzehnheiligen um so vieles aufwendiger instrumentiert ist als alle anderen Werke aus Neumanns Reifezeit: Der Stabilität der neuen Hierarchie ist nicht ganz zu trauen, und so muß eine Vielfalt, ja ein Übermaß von Bezugssystemen hergestellt werden, um die Ordnung fester zu verankern – die Rettung der Integrität des Werkes erfordert die Überfrachtung: Pauken und Trompeten.

Balthasar Neumann
Wallfahrtskirche Vierzehnheiligen

In unserer Kategorie der Fehler ausgedrückt: Der ›Fehler‹ läßt sich nur dadurch korrigieren, daß ihm das gesamte Konzept angepaßt, ja tatsächlich untergeordnet wird; zur Wiederherstellung der Ordnung muß diese selbst in einer Weise neu etabliert werden, die den Fehler nicht nur der Wahrnehmung entzieht, sondern ihn als Skandal eliminiert – nur so ist die Konsistenz des Werkes, der Aufgang der Teile im Ganzen zu erreichen, das Ziel des ästhetischen Prozesses.

Folge des Fehlers und Ergebnis des Rettungswerks ist nun nicht etwa ein passables Gebäude, wie zu erwarten frei von unkontrollierten Irritationen – Neumanns Kirchenbau ist, was er ohne Krohnes Insubordination niemals geworden wäre, das herausragende Werk der deutschen Architektur des 18. Jahrhunderts, in dem die europäischen Traditionslinien zusammenlaufen und das »alle Konzepte der barokken Sakralarchitektur in einer großen Synthese vereint«[5] – einer der bewegtesten (und bewegendsten) Räume der Architekturgeschichte. Für Hager ist Vierzehnheiligen das Werk eines visionären Mathematikers, »ein Gleichnis des geistbewegten Universums«,[6] für Millon, etwas diesseitiger, »*a world of complex spatial delight*«.[7]

Inwiefern unterscheidet sich nun ein Fehler wie der soeben betrachtete von den zahlreichen, oft nicht weniger unangenehmen Vorgaben, denen jeder Planungsprozeß unterliegt und die dem Ergebnis ihren Stempel aufprägen? Ich denke, wesentliche Faktoren sind zum einen die Zeit, zum anderen die Tatsache, daß die Kategorie der inneren Folgerichtigkeit berührt wird – mithin die Moral. Es gibt keine Zeit des Fehlers: als zweifacher Skandal kommt er stets zur Unzeit und stört ganz empfindlich den inneren Ablauf und Zusammenhang der Dinge. Er ist, im Gegensatz zur Planungsvorgabe, die kaum mehr als ein Ärgernis sein kann, eine Bedrohung, eine Störung der Ordnung, die jegliches Gebäude (wie jedes andere Kunstwerk) ist, sobald

5 Norberg-Schulz 1975, 167.

6 Hager 1968, 181.

7 Millon 1981, 47.

seine Züge einmal festgelegt sind – mag auch das Regelwerk nur für diesen einen und einzigen Fall Gültigkeit haben und mag die Absicht selbst explizit gegen jegliches Regelwerk gerichtet sein.

Das Chaos kennt den Fehler nicht: Der Fehler setzt die Ordnung voraus.[8] Im Herstellen der Ordnung besteht nach Plato die Tätigkeit sowohl des göttlichen als auch des menschlichen Demiurgen.[9] Der Fehler als empfindliche Störung dieses Prozesses ist somit ein Infragestellen der Autonomie des Schöpfers, und hier mag ein Grund für das Skandalöse zu vermuten sein, dessen Ruch ihn umgibt, wie auch die Erklärung für die Tatsache, daß gerade der Fehler es vermag, das schöpferische Potential in ganz besonderer Weise zu stimulieren (ein psychologisches, kein theologisches Argument – die Arbeit des Künstlers ist nicht die Wiederholung eines urbildlichen göttlichen Schöpfungsakts, sondern es liefert im Gegenteil das Tun des sich schöpferisch erfahrenden Menschen das Modell für das Werk des Demiurgen als Künstler und Handwerker).

In derjenigen Architektur, die, wie Vierzehnheiligen, der Traditionslinie Borromini-Guarini-Dientzenhofer folgt (mit den Endpunkten Vittone und Neumann), mit ihrer Betonung des Individuellen, dem Hang zum Komplexen und zum genialischen Wurf der Tendenz zur Bildung eines zu verallgemeinernden Regelwerks genau entgegengesetzt, kann sich ein ›Fehler‹ strenggenommen nur in Bezug auf eine immanente Konsequenz des einzelnen Werkes ereignen, kaum aber als Verstoß gegen eine übergeordnete ästhetische oder stilistische Grammatik.[10] Anders verhält es sich bei Bauwerken, die der Idee eines verbindlichen Klassischen verpflichtet sind und somit ihren

8 Die Ordnung ist beileibe nicht der Fehler im Chaos – das Chaos muß, als einen Zufall, auch die Ordnung ermöglichen. Die Zufälligkeit von Borges' Bibliothek von Babel enthält jedes denkbare Buch.

9 Kritias 27d; Gorgias 503d.

10 Den Fehler gibt es selbstverständlich auch hier im Hinblick auf periphere, mit der Architektur verbundene Zusammenhänge, etwa liturgischer oder ikonographischer Art, oder auf technische und ökonomische Regeln.

Anspruch auf Individualität an ein Allgemeingültiges abgegeben haben – je fester ein Codex gefügt ist, desto fehlerträchtiger seine Anwendung.

Kaum eine andere Epoche unterlag, zumindest, was die Architektur betrifft, einer so nachhaltigen Faszination, ja Obsession des Klassischen wie die italienische Renaissance. Hier öffnet sich ein weites und ergiebiges Feld, das Wirken der Fehler zu verfolgen: wie etwa aus einem Konflikt, der innerhalb des Architektursystems der frühen Renaissance unauflösbar ist, sich der Zwang ergibt, das System zu ändern und hierbei selbst vor den Grundüberzeugungen nicht Halt zu machen, zu deren Ausdruck der neue Stil ja gerade gefunden worden war,[11] oder wie aus hartnäckig wiederholten Fehlinterpretationen der kanonisierten Schriften des Vitruv[12] und Irrtümern bei der Bestim-

[11] Der Hang zur Struktur, der der Architektur der Frührenaissance eine fast ›abstrakte‹ Qualität verleiht, zeigt sich etwa in der unbeirrten Anwendung des Rasters, woraus sich schwerwiegende Konflikte bei den Innenecken ergeben. Mit besonderer Deutlichkeit führt dies Brunelleschis Werk vor Augen, so bei Santo Spirito oder bei den vielkritisierten Ecken in der Pazzi-Kapelle – ein nur unter Aufgabe der Konsequenz des Systems auflösbares Dilemma, das sich nicht mit des Architekten Unfähigkeit erklären läßt, sondern mit seinem Bestreben nach der Schaffung eines »in vollkommener Harmonie durchgebildeten, allseits gleichmäßig gegliederten Raumes« (Wundram 1970, 114, über Santo Spirito) durch das Beharren auf ›reinen‹ geometrischen Verhältnissen, denen, Abbild und Teil der nach Maß und Zahl einfach geordneten Welt, als Wahrheits- und Wirklichkeitseffekte eine absolute Priorität zugestanden wird. Da die Welt sich jedoch, wie Baudrillard meint, um Erkenntnis nicht schert, möglicherweise sogar geschaffen worden ist, um nicht verstanden zu werden (Interview in der ›taz‹ vom 22. November 2000), manifestiert sich vielleicht gerade im Mißlingen der Ecke die Wahrheit, die auszudrücken das Gebäude ohne rechten Erfolg ins Werk gesetzt wurde – als eine Subversion, eine etwas boshafte, ja beinstellende List des Weltgeists, ein Hinweis darauf, daß die Sache ganz so einfach nun doch nicht sei. — Solche systemimmanenten Fehlstellen sind zweifellos ein Motor der Stilentwicklung.

[12] Die Mißverständnisse der frühen Herausgeber, Giocondo und Cesariano, waren, schreibt Kruft, um die Mitte des 16. Jahrhunderts zu einem Bestandteil von Vitruv selbst geworden (Kruft 1991, 79).

mung archäologischer Befunde ein ›klassischer‹ Codex sich herausbildete,[13] mit einer eigenen, von der klassischen Antike, auf deren Mythos sich seine Legitimation beruft, unabhängigen Korrektheit[14] – wie also aus einer unzulänglichen und fehlerbehafteten klassizistischen Bestrebung ein eigenständiges Klassisches sich entwickelt –, hier soll jedoch ein eigentümliches Erscheinen der Fehler in der Spätphase in den Blickpunkt gerückt werden, das Phänomen des Manierismus.

13 Die Komplikationen ergaben sich hauptsächlich dadurch, daß Vitruvs Unzulänglichkeiten sowie seine unklare, dem Griechischen verpflichtete Terminologie erhebliche Verständnisschwierigkeiten mit sich brachten. Außerdem klaffte zwischen Gelesenem und Gesehenem eine deutliche Lücke: »Gerade die Erforschung römischer Ruinen aber [...] mußte unvermeidlicherweise zu einem Zwiespalt führen. Keinem wirklichen Künstler konnte es auf die Dauer verborgen bleiben, wie wenig Vitruv und die bewunderten Monumente der römischen Kaiserzeit im Grunde genommen miteinander zu tun hatten« (Koch 1951, 20). — Alberti (VI,1): »Dazu kommt noch, daß er [Vitruv] so ungebildet schrieb, daß ihn die Lateiner für einen Griechen, die Griechen hingegen für einen Lateiner hielten. Die Sache selbst zeigt bei näherer Betrachtung, daß es weder Latein noch Griechisch ist, so daß es gleich wäre, er hätte es überhaupt nicht geschrieben, als daß er es so schrieb, daß wir es nicht verstehen können. Es blieben also als Kronzeugen für die Vergangenheit die Tempel und Theater, von denen man wie von den besten Lehrmeistern vieles lernen konnte [...].« — Ob jedoch ein klarerer und weniger fehlerträchtiger Text dasselbe wie Vitruv hätte leisten können, ist in Zweifel zu ziehen, denn die eigenständige Leistung der Renaissance entsteht genau in diesem großzügigen Spielraum, den die Unverständlichkeit des Texts und seine Unvereinbarkeit mit den Monumenten für die Phantasie läßt, aus der Tatsache, daß ein antikes Vorbild mit dem Anspruch des Klassischen im Überlieferten nicht aufgefunden werden kann, sondern konstruiert werden muß.

14 Auch die Renaissance selbst, meint Arasse, sei ein Mythos, »allerdings weniger jener, zu dem ihre Historiker sie im Nachhinein gemacht haben, als jener, der sie ihren zeitgenössischen Protagonisten und Dichtern gewesen ist« (Arasse, Tönnesmann 1997, 46ff.). Dem angestrebten Ideal widersetzt habe sich jedoch als unüberwindbare Grenze die Wirklichkeit der zeitgenössischen Geschichte. »Der Mythos barg die Krise in sich; diese vollzog sich virtuell und latent, innerhalb einer Renaissance, deren historische Einheit tatsächlich zwischen Mythos und Krise liegt.«

Die Architektur des Manierismus – aller Manierismen, doch geht es hier insbesondere um die italienische des 16. Jahrhunderts – bleibt, auch und gerade in ihrer offensichtlichen Abwendung vom etablierten Regelwerk, dem Gedanken an das Klassische verpflichtet, sie gedeiht eben auf dem Humus dieses Klassischen – auch in dem Sinne, daß dessen Zerfall ihre Voraussetzung ist. Sie hält am Klassischen als einer entwickelten und verbindlichen Sprache fest, obwohl die Verhältnisse, unter denen sich die Herausbildung ebendieses Idioms ereignete, sich grundlegend gewandelt haben und der Glaube an ein einzig Verbindliches, die Voraussetzung aller klassischen Bestrebungen, obsolet geworden ist – wenn er überhaupt jemals wirklich vorhanden war: Die Klassizismen der Neuzeit seien, meint Hauser, immer nur das Resultat eines Programms und eher der Ausdruck einer Hoffnung als einer tatsächlichen Beruhigung gewesen.[15] Das Repertoire des Manierismus besteht aus den Elementen und Regeln dieser Sprache, seine Technik in der genau kalkulierten Anwendung von Fehlern und Verstößen[16] – wobei die Voraussetzung für den Erfolg des Spiels ist, daß dem Betrachter die Regeln der Sprache soweit geläufig sein müssen, daß er den Fehler erkennen kann. In gewissem Sinn schließt freilich die Absicht den Fehler aus; für den Betrachtenden jedoch ist es zunächst gleichgültig, ob etwas nicht gekonnt oder nicht gewollt ist: für ihn zählt das Moment des Erkennens als ein Bruch in seiner Wahrnehmung.[17]

15 Hauser 1964, 379.

16 Auch die Literatur bedient sich einer Technik des absichtsvollen Fehlers. So unterscheidet etwa Tesauro, einer der Theoretiker des Manierismus, zwischen ›euklidischen‹ Sentenzen und ›spitzfindigen‹ *concetti*, die auf Paralogismen beruhen, auf widervernünftigen Schlüssen, Trugschlüssen – er spricht von *topici fallaci*, die, so Hocke, »nichts sind als bewußt konzipierte und formulierte irrationale Figuren, also intellektuell gewollte surreale Sprachgebilde« (Hocke 1959, 134 f.).

17 Der Betrachter bleibt am Fehler gewissermaßen hängen – der komfortable Gang betulicher Anschauung wird gestört. Das Unbehagen über diese ›Fehlstellen‹ erzeugt das starke Bedürfnis, eine Ebene zu finden, auf der sich die Integrität des Werks her-

Das Erkennen des Fehlers gleicht hierin dem Erschrecken, jenem anderen Lieblingskind der Manieristen, das etwa die italienischen Gärten des 16. Jahrhunderts mit ihren unvermeidbaren Wasserscherzen in Szene setzen. Das Erkennen des Fehlers ist jedoch Teil eines intellektuellen Prozesses, wogegen der Schrecken dem Bereich des Sinnlichen angehört – beiden gemeinsam ist das Moment des Jähen, und zusammen bilden sie ein strukturverwandtes Gegensatzpaar aus sinnlichem und intellektuellem Erschrecken.

Die wohlplazierten Regelverstöße der frühen Manieristen haben die Eigenschaft, das Bild des Regelgerechten zu evozieren, als eine virtuelle ›Gegenarchitektur‹, die bei der Gewahrwerdung der manieristischen Irritation in der Imagination des Betrachters entstehen muß. Der Produzent des Kunstwerks zwingt den mit dem Regelwerk vertrauten Rezipienten, in der korrigierenden Betrachtung des Vorgefundenen selbst zum Anwender des klassischen Codex zu werden und durch das Medium des Bauwerks einen elitären Diskurs mit ihm aufzunehmen, also tatsächlich an der Genese des Werkes teilzunehmen – denn das manieristische Kunstwerk, das listenreiche Spiel, besteht eben in der Gleichzeitigkeit von Imaginiertem und Gesehenem, und

stellen läßt, fordert also die Interpretation als den aktiven Part der Kunstbetrachtung heraus. Zu denken wäre hier etwa an Giovanni Bellinis enigmatische »Allegoria sacra« in den Uffizien oder an Tizians »Orpheus und Eurydike« in der Accademia Carrara in Bergamo, wo rechts im Hintergrund der Eingang zur Unterwelt im Schein verborgener Feuer als eine Art monumentale Werkstatt dargestellt ist, mit Rauchfahnen und unverständlicher hölzerner Maschinerie, die überraschend genau unser Bild einer frühindustriellen Vorhölle antizipiert; diese anachronistische Assoziierung des Hades mit der Schmiede des Vulkan und der christlichen Vorstellung der Hölle hat ihr Gegenstück im venezianischen Kirchturm der linken Seite, der sich genauso wenig in die antike Szenerie einfügen will. Wie immer eine Interpretation des Bildes ausfallen wird (möglicherweise war es Tizians Absicht, eine schlüssige Deutung eben genau nicht zuzulassen, ähnlich wie Settis dies für Giorgiones »Tempesta« herausgestellt hat) – an diesen ›Fehlern‹ und Paralogismen soll und muß das Denken einhaken, und in ihnen verbergen sich die entscheidenden Hinweise, in welche Richtung das ovidianische Sujet zu wenden sei.

seine Spannung bezieht es in der Überlagerung beider aus den Interferenzen – man könnte soweit gehen, seine Essenz gerade in diesem ungreifbaren oszillierenden Zwischenreich zu lokalisieren.[18]

So ist also die »Abkehr vom klassischen Vorbild«, die den Manierismus angeblich kennzeichnet, eine bloß vordergründige; ganz im Gegenteil findet eben dadurch, daß der Betrachter selbst in lustvollem Wettkampf mit dem Künstler zum Produzenten des klassischen Bildes wird, eine Festschreibung (und vielleicht die letzte mögliche Beschwörung und Steigerung) des Klassischen statt, im wiederholbaren Beschwören des unwandelbaren idealen Vorbilds durch die Vielfalt der Abweichungen, doch auch in der fortwährenden Lust an seiner Zerstörung. Denn in schroffem Gegensatz zu ihren Bestrebungen, die auf Unwandelbares, Ewiges gerichtet sind, ist ein Kennzeichen der klassischen Stile ihre Kurzlebigkeit.[19] Borges beschreibt dieses Phänomen für die Literatur in seinem Essay »Über die Klassiker«: »Die Gefühle, die die Literatur hervorruft, sind vielleicht ewig, aber die Mittel müssen sich unaufhörlich wandeln, wenn auch nur geringfügig, um nicht ihre Kraft zu verlieren. Sie erschöpfen sich in dem Maß, in dem der Leser sie wiedererkennt. Daher die Gefährlichkeit der Behauptung, es gebe klassische Werke, und es gebe sie für immer.«[20] Er formuliert hier den inneren Widerspruch, der zur Zerstörung des Klassischen führen muß – den Fehler im System –, denn genau das Spannungslose, die wiedererkennbaren Strukturen und repetitiven Mittel sind es ja, aus denen der Klassizist schöpfen will und die er anstrebt. Wölfflins Bemerkung sei hier zitiert, das Klassische scheine »das Ewig-Tote zu sein, das Ewig-Alte, die Frucht der Akademien, ein Erzeugnis der Lehre und nicht des Lebens«.[21] Auch die

18 Der Manierismus bildet eine esoterische Meta-Sprache heraus: ein Spiel, bei dem die Regeln Teil seiner selbst sind. Dieses Spiel ist insofern auch ein gesellschaftliches, als sein offenes Regelwerk unterschiedliche Grade der Initiation erlaubt.

19 Hauser 1964, 4f.

20 Borges o. J., 203.

21 Wölfflin 1888, 1.

lebensverlängernden Maßnahmen der Manieristen, denen gelegentlich etwas recht Gequältes anhaftet, lassen hie und da den Eindruck entstehen, man habe es mit einer aufgeputzten Leiche zu tun.

Der Begriff ›Manierismus‹ ist unklar und schwankend. An seine Bestimmung wage ich mich nicht, doch will ich anmerken, daß in unserem Zusammenhang, der nur einen seiner Aspekte behandelt, weniger eine bestimmte Epoche gemeint ist (etwa die Zeit zwischen dem Tod Raffaels, 1520, oder dem Sacco di Roma, 1527, und 1600), auch nicht einzelne stilistische Eigenschaften (beispielsweise eine ›gotisierende‹ Verlängerung der Proportionen oder die deutlichere plastische Gestaltung der einzelnen Glieder, die sich in der Bevorzugung der Säule gegenüber dem Pilaster äußert), sondern daß der Manierismus – zumindest in seiner Frühzeit – als ein eigentümliches reflexives Verfahren im Umgang mit einer auf Klassisches zielenden Tradition zu verstehen ist und gleichzeitig Ausdruck einer Krise, in deren Verlauf der Optimismus, der die frühere Zeit gekennzeichnet hatte, unwiederbringlich abhanden gekommen und einer umfassenden Skepsis gewichen ist. Diese Skepsis hinterfragt die Voraussetzungen und stellt die Mittel und Methoden in Frage – und an den Pranger. Sie ist Teil jener umfassenden Schärfung der Wahrnehmung, die das Jahrhundert kennzeichnet: »*The sixteenth century was intensely, and fascinatingly aware of itself in a way that no earlier post-antique century had been*«, schreibt John Shearman in seiner Untersuchung des Manierismus.[22]

Die ausklingende Renaissance gebiert, als Frucht ihrer vorausgehenden heftigen Liebesaffäre mit dem Klassischen, den prägnantesten der Manierismen.

Das angedeutete Verfahren der präzisen Anwendung genau kalkulierter ›Fehler‹, die hierdurch erzielte schwebende Unentschiedenheit zwischen der heroischen Zerstörung des klassischen Systems und seiner fast ängstlichen Bewahrung, das hohe Maß an Selbstreflexion und

[22] Shearman 1967, 138.

überhaupt die Faszination des Schwierigen,[23] des Problematischen[24] und die schwindelerregende, inflationäre Vielfalt der Bezugssysteme machen den Manierismus zu einer Spielwiese für Künstler mit ausgesprochen intellektuellen Neigungen, umfassende Begabungen wie Raffael,[25] Michelangelo, Peruzzi und Giulio Romano. Bezeichnenderweise bringt die Spezialisierung, wie sie sich um die Mitte des Jahrhunderts abzeichnet, mit dem Erscheinen ›ausschließlicher‹ Architekten eine gewisse Verflachung im Sinne einer professionellen Beschränkung und Konzentration auf die eigentlichen Mittel der Architektur mit sich. Die beiden Großen der zweiten Jahrhunderthälfte, Vignola und Palladio, in ihren späteren Bauten Apologeten der Regelgerechtigkeit, sind nur bedingt und allenfalls in ihren frühen Werken dem Manierismus zuzuordnen.

Das eigentümliche Aufscheinen des klassischen Urbilds hinter dem Gesehenen, die ›manieristische Ironie‹, die auf den Prozeß sowohl der Schaffung des Kunstwerks als auch seiner Wahrnehmung hinweist,[26] gilt jedoch ohne Einschränkung für die Schlüsselbauten des

[23] Chastel 1968, 7: »Es gibt nichts Einfaches mehr. Klar ist nur noch das Gefühl einer nicht weiter ableitbaren Vielschichtigkeit der Welt, die letztlich wertvoller ist als Ordnung, Gleichgewicht und Vernunft – Kräfte, nach denen man dennoch unaufhörlich und mit immer stärkeren Argumenten streben wird.«

[24] Zum Problematiker als Archetypus des Manieristen vgl. Hocke 1959, 233.

[25] Raffael, der Vollender der Klassik, läßt sich kaum zu den Manieristen rechnen, doch weist die Malerei seiner letzten Jahre Züge auf, die die Richtung für den Manierismus seiner Schüler vorzeichnen. In seiner Architektur konstatiert Tönnesmann im Vergleich mit dem Palazzo del Tè deutlichere Verstöße gegen die Konvention und eine eigenwilligere *maniera* (Arasse, Tönnesmann 1997, 56).

[26] Eine Thematisierung der ästhetischen Technik zeigt auch die Literatur; so spricht Hauser im Zusammenhang mit dem Don Quijote vom »Phänomen der ›bewußten Sebsttäuschung‹« und von den »verschiedenen Anspielungen des Autors, daß es sich in seiner Erzählung um eine fiktive Welt handle, die fortwährende Überschreitung der Grenzen zwischen der werkimmanenten und der werkjenseitigen Wirklichkeit, die Unbekümmertheit, mit der die Gestalten des Romans aus ihrer eigenen Sphäre heraustreten und in die Welt des Lesers hinüberspazieren« (Hauser 1990, 429).

Manierismus, für diejenigen Werke, die man als seine Inkunabeln bezeichnen kann: Michelangelos Laurenziana (ab 1524, die Treppe jedoch erst gegen Ende der fünfziger Jahre entworfen), Giulios Palazzo del Tè in Mantua (ab 1525), Peruzzis Palazzo Massimo alle colonne (ab 1532) und, etwas später und in mancher Hinsicht bereits zu ihrer Entstehungszeit ein Anachronismus, die Villa Giulia (1550-1555), deren Urheberschaft sich Michelangelo, Vasari, Vignola und Ammanati teilen.

Besonders letztere zeigt sich als ein elaboriertes Konglomerat von Täuschungen, kalkulierten ›Fehlern‹ und Regelverstößen, das alle wesentlichen Ebenen der Konzeption und der Wahrnehmung einbezieht: Typologie, räumliche Konstellation und Detail. Die Fassade zitiert den entwickelten und verbindlichen Typus des städtischen Palazzo, der um die Mitte des Cinquecento so allgemein verbreitet ist, daß der zeitgenössische Besucher bei der Betrachtung des Äußeren sicher sein kann, was im Innern des Gebäudes seiner harrt – Verläßliches, Trugloses liegt im Wesen klassischer Bestrebungen. Den Besucher der Villa Giulia erwartet jedoch eine Verblüffung: Der halbrunde Hof, in dem er sich nach Durchschreiten des Portals findet, ist, seines offenen Charakters halber, auch wegen seiner eindeutigen Asymmetrie in Richtung der Hauptachse, vom zu erwartenden quadratischen denkbar verschieden. Dies ist nur die erste einer Folge von Überraschungen, die seiner sicheren Gewißheit das Fundament entziehen und ihn schließlich die Verläßlichkeit seiner Sinne (ein Grundpfeiler der Renaissance-Ästhetik) anzweifeln lassen. Am entgegengesetzten Ende des Hofes trifft die Achse auf eine Öffnung in der Mauer, durch die sich eine vorläufig noch unbestimmte Erweiterung des Raumes auftut. Der erste Anblick zeigt lediglich eine Steinfigur als Ziel- und Endpunkt, zunehmende Annäherung aber läßt drei hintereinanderliegende, einen zweiten und einen dritten Hof begrenzende Querbauten erscheinen. Kaum aber hat der Betrachter seine Raumvorstellung aufgrund der zusätzlichen Informationen korrigiert, muß er, auf seinem Weg entlang der Achse, beim Emporsteigen der wenigen Stufen zur Öffnung im ersten Querbau, wo er sich der nun schon verdächtigen Ruhe des neugewonnenen Bildes erfreuen will, auch dieses als falsch erkennen: Hinter der ersten Loggia, wo sich eine ebene Fläche befinden müßte, bequemer Zugang zur gerade erst erkannten zweiten, öffnet sich ein tiefes Loch; die Serliana des neuen Querbaus, eben noch als eine weitere Station auf

Rom, Villa Giulia, Dramaturgie der Raumprogression
Vom ersten Hof zum Nymphäum

dem Weg entlang der Achse begriffen, eine Art Triumphbogen, entpuppt sich als Fenster, hoch und unerreichbar in die den unerwarteten Binnenraum abschließende Wand gesetzt. Diese, wie eine Palastfront gebildet, evoziert die Vorstellung eines hinter ihr befindlichen Gebäudes; ein Zugang zum letzten Hof ist (und bleibt, überraschenderweise) nicht auszumachen.

Doch nicht genug: Zwei Schritte weiter, und dieser neue Raum erfährt eine abermalige, noch abenteuerlichere Veränderung: Erneut tut sich eine Öffnung auf, wiederum nach unten, ein Nymphäum, dessen Wasserfläche und schattige Höhlungen den Weg in nun völlig unergründliche Tiefen weisen. An dieser Stelle wird der Besucher vom Schwindel gepackt, blickt in Unendlichkeiten sich eröffnender Bilder und Räume, findet sich in einem unauflöslichen Konglomerat von Sinneseindrücken, Imaginiertem und Erahntem, das die Wirklichkeit ins gefährlich Unbestimmte transzendiert.

Im Gewahrwerden des Trugs der Bilder als Zeichen für die der Erkenntnis entzogene, vielleicht auch überhaupt nicht vorhandene Ordnung der Welt, in diesem Moment umfassender, existentieller Verunsicherung, wird die zutiefst ernste Basis des manieristischen *serio ludere* deutlich, die Angst in einer Welt, in der alles entgleitet, nichts mehr Bestand hat.[27] Doch ist dieser einprägsame Ausdruck der Krise die Kehrseite der Medaille. Die Schauseite ist die verschwenderische Prunkgebärde eines entgrenzten Individualismus. Beides aber besitzt gleichzeitig und gleichermaßen Gültigkeit: Die Kunst, so Arasse über den Manierismus, sei nicht einfach Spiegelung oder unmittelbare Darstellung einer sozialen, politischen oder geistigen Situation, sondern die Antwort darauf. Indem die manieristische Kunst die Unsicherheiten und Wirrnisse der Zeit mehr oder minder deutlich zum Ausdruck bringe, antworte sie auf der Ebene des Imaginären.[28] — Die manieristischen Gärten, die Villa Giulia etwa oder Bomarzo, am einprägsamsten wohl, wenn auch bereits unter dem Einfluß der verordneten Sicherheit des Konzils von Trient, die Villa Lante in Bagnaia, inszenieren genau diese Gleichzeitigkeit von Pracht und Beunruhigung, indem sie das Regelwidrige, Unerwartete und Verstörende bloß scheinbar in Scherz und Spiel verwandeln.

Die herausragende Bedeutung der Villa Giulia liegt in der genau formulierten und noch vom heutigen Besucher, nach viereinhalb Jahrhunderten, ganz unmittelbar erfahrenen Inkommensurabilität von

27 Tasso bringt solche ›Welt-Angst‹ zum Ausdruck, empfindet sich »als ein aus Ordnungen Vertriebener« (Hocke 1959, 137); in der »Gerusalemme liberata« heißt es über die angstvollen Besucher des Zauberwalds (XIII, 18):

[...] *cosí temean, senza saper qual cosa / siasi quella però che gli sgomenti,*
se non che'l timor forse a i sensi finge / maggior prodigi di Chimera o Sfinge.

»So fürchten sie, ohne zu wissen, was das Wesen dessen sei, was sie so entsetzte; es sei denn, daß die Furcht ihren Sinnen größere Wunder vorgaukelte als Chimäre und Sphinx.« (Übersetzung nach Hocke.)

28 Arasse, Tönnesmann 1997, 29.

Wahrgenommenem und Wirklichkeit – einer Wirklichkeit, deren Struktur selbst auf eine schwer faßbare Weise labil geworden ist. Sie inszeniert das Schwankende und Unsichere im beständigen Schaffen und Zerstören von Bildern – präziser: in der Wahrnehmung des architektonischen Komplexes als Abfolge sich beständig neu formierender und wieder zerfallender, nie sich als verläßlich erweisender, also stets als fehlerhaft sich entpuppender dreidimensionaler Modelle.

In der Ausgestaltung der Einzelheiten ist die Villa Giulia indes dem Palazzo del Tè verpflichtet, dem stilbildenden Bau des Manierismus, weit folgenreicher als etwa das Werk Peruzzis oder Michelangelos. Der Ruhm seines Schöpfers, Giulio Romano, hallt wider bis ins ferne England: [...] *that rare Italian Master, Iulio Romano*, nennt ihn Shakespeare im »Wintermärchen« (V, 2), *who (had he himself Eternitie, and could put Breath into his Worke) would beguile Nature of her Custome, so perfectly he is her ape*.

Der Palazzo del Tè bietet offensichtliche Fehler in Hülle und Fülle, irritierende Arrangements und Details, die nicht bloß dem Kanon der Renaissance, sondern auch der Logik des Gebäudegefüges selbst Hohn sprechen. Noch heute vermögen diese Dissonanzen zu befremden – um wieviel deutlicher muß ein Besucher des Cinquecento, dem das Regelwerk, gegen das hier in exhibitionistischer Weise verstoßen wird, in Fleisch und Blut übergegangen war, durch solche Mißklänge vor den Kopf gestoßen, ja indigniert – und vielleicht auch amüsiert worden sein?

Die Komplexität der Struktur, die auf allen Ebenen durch ein Gewebe aus Falschem und Widervernünftigem bestimmt wird, macht eine Beschreibung schwierig; einige wenige Punkte seien deshalb herausgegriffen. Das florentinische Quattrocento benutzt, in Fortführung der lokalen Tradition des sogenannten *bugnato a scalare*, unterschiedliche Oberflächen – Rustika- oder Buckelquader, geglättete, durch tief eingeschnittene Fugen getrennte Steine und glatte Flächen –, um die Wand hierarchisch zu gliedern (Palazzo Medici-Ricardi von Michelozzo, um 1450; ein gutes späteres Beispiel etwa

Giuliano da Sangallos Palazzo Gondi, ab 1490). Giulio verwendet dieselben Elemente, noch dazu in grotesk überdeutlicher Ausprägung, mit diametral entgegengesetzter Intention: Wahllos in den Feldern der Hoffassade verteilt, konterkarieren sie den Versuch (und des Betrachters Bedürfnis), in den einzelnen Ebenen der Gestaltung eine verständliche Ordnung zu finden. Eben das verläßliche Werkzeug, das

Mantua, Palazzo del Tè
Hoffassade

die Renaissance entwickelt hatte, um die Verhältnisse zu klären und die Funktion der Wand zu definieren, dient hier dazu, in einem Akt der Subversion dies alles in Frage zu stellen. Hiermit nicht genug sind die glatten Flächen gegenüber den Quadern etwas zurückgesetzt, bilden gemeinsam mit den deutlich vertieften Fugen eine Ebene, die als Grundfläche definiert wird, auf der die vorspringenden Quader, im tradierten Kontext die Substanz der Wand, lediglich Applikationen zu sein scheinen – was sie in der gipsernen Wirklichkeit des Palazzo del Tè auch tatsächlich sind. Die Auflösung des tektonischen Zusammenhalts ist vollständig, noch dadurch verstärkt, daß Giulio überraschenderweise auf einer ganz unerwarteten Ebene das Spiel fortführt, indem die Steinquader sich keine Mühe geben, die Tatsache zu verbergen, daß es sich bei ihnen um Imitationen aus Stuck handelt, daß im Gegenteil die grobe, dem Stein fremde, wie aus prometheischem Lehm geknetete Bildung der Rustika den deutlichen, fast ein wenig aufdringlichen Eindruck einer Dekoration macht.[29]

Nichts ist so, wie das Urbild, das es beschwört, fordert und erwarten läßt. In dieses Spiel der Verfremdung und Demaskierung ist auch die zweite Ebene einbezogen, die im Streit mit der Wand um die Superiorität in der Hierarchie einen knappen Sieg davonzutragen scheint: Pilaster und Gebälk. Auch letzteres kann seine konstruktive und statische Funktion nurmehr darstellen, und selbst hierbei macht es keine allzu gute Figur: Jeweils in Feldmitte ist der Balken unterbrochen und ein Stück weit abgesackt; auch die darüberliegende Triglyphe ist mit nach unten gerutscht. Dies vermittelt mehr als bloß das Gefühl der Labilität: Es entlarvt, in manieristischer Ironie, das tektonische System als eine Metapher, indem es die rhetorische Logik der Konstruktion aufs Empfindlichste stört. Daß diese Verletzungen noch dazu den Gebäudesymmetrien folgen, also zum Element der geometrischen Ordnungsstiftung werden, ist Teil des ironischen Vexierspiels.

29 Gombrich ist jedoch der Meinung, das Gebäude solle, obwohl es alles andere als solide sei, mit seiner schweren Rustika den Eindruck eines festgefügten Steinbaus machen (Gombrich 1988). Daß die Manieristen die Verfremdung des Stoffs (*materia*) durch den künstlerischen Eingriff bewußt betrieben, zeigt eine auf das Verhältnis von Kunst und Stoff in der Literatur bezogene Stelle bei Tasso (»Discorsi dell' arte poetica«, um 1596): »Es besteht kein Zweifel, daß die Kraft der Kunst der Natur des Stoffs bis zu einem gewissen Grad Gewalt antun kann, so daß Dinge wahrscheinlich erscheinen, die es, für sich genommen, gar nicht sind, und mitleiderregend, die an und für sich kein Mitleid erwecken, und erstaunlich, die nicht ungewöhnlich sind.« Nach Tatarkiewicz 1987, 213.

Das gestörte Gesims hat seinen Gegenpart in den Fensternischen, deren Ädikulagiebel von den leicht nach oben verrutschten Scheitelbossen über den Fensterstürzen hochgedrückt und aufgespreizt zu sein scheinen: eine wörtlich genommene Form des Sprenggiebels. Im Zusammenspiel dieser beiden Irritationen ergibt sich erneut ein merkwürdig unbestimmter, schwebender Eindruck: Die Schlußsteine scheinen durch einen übermäßigen Druck im Mauerwerk nach oben gepreßt zu werden, die abrutschenden Triglyphen über ihnen lassen jedoch auf einen gefährlich lockeren, instabilen Mauerwerksverband schließen.[30] Die Statik wird durch beides ins Organische aufgelöst. Giulio betreibt die Aufweichung der Wand, doch nicht, indem er, wie etwa Guimards *art nouveau*, ihre Substanz verfremdet, sie erscheinen läßt, als sei sie aus formbarem Weichem oder Vegetabilem erstarrt – er betreibt die Auflösung auf einer anderen, weniger sinnlichen als intellektuellen Ebene: in der intellektuellen Dekonstruktion der Integrität der sinnlichen Wahrnehmung. Darin zielt er auf eine so heroische wie naive Grundüberzeugung der Renaissance: die Übereinstimmung von Wahrnehmung und Wirklichkeit. Indem das Kontinuum der Wand gleichzeitig komprimiert und locker erscheinen kann – eine physische Unmöglichkeit –, wird die Dissoziierung von Vernunft und Erscheinung am ästhetischen Experiment verifiziert.[31]

Sicherlich erfüllen die *bizarrie* des Palazzo del Tè den Anspruch eines exklusiven Publikums auf intelligente, witzige und originelle Unterhaltung (worauf Tönnesmann die Intentionen Giulios beschränken möchte),[32] und zweifellos bewirken die architektonischen *topici fallaci* in elaborierten Paralogismen den Eindruck des Wunderbaren, der *meraviglia*, und sind somit im Rahmen einer Admiratio-

30 Vgl. Arasse, Tönnesmann 1997, 57.

31 Dasselbe wiederholt sich in der deutlich herausgestellten Auflösung der Bindung der Oberfläche an das Material: Der Stuck soll aussehen wie glattes oder rustiziertes Mauerwerk – gleichzeitig aber wie die Darstellung von Mauerwerk in Stuck.

32 Arasse, Tönnesmann 1997, 63.

Ästhetik zu sehen. Doch unterschlägt dies Giulios kritischen Ansatz der Renaissancearchitektur gegenüber, der sie an ihrem wunden Punkt packt: der Tatsache, daß alle von ihr entwickelten Modelle sich auf das Bild, auf die Darstellung eines Architektonischen beschränken. Ihre Glieder sind konstruktiv sinnlos, ihre Tektonik ist Spiegelfechterei. Tatsächlich erfüllen etwa die ›korrekten‹ Gesimse, Pilaster und Wandkonstruktionen Albertis oder Bramantes genauso wenig wie die Giulios eine andere als eine ästhetische Funktion; sie unterliegen gleichermaßen der Beliebigkeit und sind nur durch das Luftgebäude einer mythischen und dem 16. Jahrhundert nicht mehr verläßlichen Klassik oder Klassizität zu rechtfertigen. In der Exhibitionierung der ›falschen‹ Konstruktion, in der Demaskierung ihrer Elemente als Dekoration, ist die Ästhetik des Palazzo del Tè explizit und radikal – sie verzichtet mit dem Akt der Entlarvung auf außer ihr liegende Legitimation, und sie pocht in scheinbarem Paradox gerade in der offensichtlichen Hemmungslosigkeit des Dekors auf ein der Renaissance fremdes Element der Ehrlichkeit.

Mit dieser Dekonstruktion der Renaissance – bestimmter Aspekte der Renaissancearchitektur – formuliert Giulios Werk eine Art ›Kanon‹ des frühen Manierismus. Dieser nimmt als Grundlage das Regelwerk der Renaissance, stellt jedoch gleichzeitig die Frage nach seiner Legitimität. Ob und wieweit dieses Regelwerk nun angewandt oder ob dagegen verstoßen wird, ist im Grunde genommen gleichgültig; die Architektur schafft sich einen Meta-Kanon, der in einer Verfahrensweise besteht, einem Konzept, wie mit dem Regelwerk der Renaissance verfahren werden kann, und das so neben der Korrektheit auch alle Fehler, Verstöße und Regelwidrigkeiten einschließt. — Die gelegentlich Befremden auslösende, erkältende Artifizialität liegt vielleicht darin begründet, daß zur Legitimation der Bezug auf genau jenes Klassische beansprucht werden muß, dessen Legitimität in Frage gestellt wird.

Denn ohne das Klassische kann der Manierismus (der Manierismus der ersten Generation) nicht existieren, und so beschwört Giulios architektonisches Œuvre gerade in den Fehlern und Abweichungen die ›kanonisierten‹ Bauten der Hochrenaissance, die kontrastierend hinter seinen eigenen Arbeiten aufscheinen – wodurch sie im Grunde genommen eine deutlichere Präsenz bekommen (nämlich im plastischen Licht der Erinnerung und der Imagination des Betrachtenden), als wenn sie nachahmend zitiert würden. Der manieristische Künstler ist deshalb auf eine kenntnisreiche, mit den Regeln der Kunst vertraute Klientel angewiesen. Und nur an eine solche wendet er sich. Die Kunst der Frührenaissance, schreibt Hauser, konnte noch von den breiteren Schichten wenigstens mißverstanden werden – auch wenn die Anknüpfungspunkte an der Peripherie der ästhetischen Wirkung lagen. Schon die klassische Kunst der Renaissance, deren Allgemeingültigkeit man so laut zu preisen pflegt, wendet sich an ein kleineres Publikum als je eine Kunst zuvor.[33] Für den Manierismus gilt dies in besonderem Maße: Sein Medium ist eine elitäre Gemeinschaft, in der der Rezipient augenzwinkernd die listenreichen Spielzüge des Künstlers nachvollziehen kann; die gewünschte Wirkung, bemerkt Gombrich zur Architektur des Manierismus, bedarf eines Publikums, das die Abweichung von den Regeln auch versteht.[34]

Die Ausgewogenheit zwischen Künstler und Auftraggeber stößt allerdings rasch an ihre Grenze – Giulios Begeisterung, als Federico Gonzaga, dessen Leidenschaft, trotz seiner Anteilnahme an der Kunst, eben doch vor allem den fürstlichen Vergnügungen der Jagd und der Pferdezucht galt, ihn mit zwei Entwürfen eines marmornen Grabes für eine seiner Hündinnen beauftragte, die beim Wurf eingegangen war,[35] wird wohl keine übermäßige gewesen sein. – Betrachtet man die fürstlichen Auftraggeber, so wird man feststellen, daß das Interesse an der Kunst in der Regel nicht über die gesellschaftliche Konvention hinausging – selbst Alessandro Farnese, einer der bedeutendsten

33 Hauser 1990, 367f.

34 Gombrich 1988, 117.

35 Brief des Herzogs vom 15. 10. 1526, nach Gombrich ebd., 104.

Mäzene des Jahrhunderts, zeichnet sich keineswegs durch ein Eintreten für die Sache der Kunst aus. Daß also Federico Gonzaga der Adressat von Giulios subtilen intellektuellen Konzepten gewesen sein soll, darf angezweifelt werden. Der ein wenig speichelleckerische Tonfall der Briefe an den Herzog verweist den Gedanken an eine Ebene, die den gleichberechtigten Austausch zwischen Künstler und fürstlichem Patron zuläßt, in das Reich sentimentaler Fiktion. Nicht von der Hand zu weisen ist ein Moment der Subversion: Erwartungen und Wünsche des Auftraggebers wurden vom Künstler befriedigt, doch das Gelieferte ging weit über das Bestellte hinaus und erschloß, in einer Art Hase-und-Igel-Spiel, einen intellektuellen Raum, der sich auf ein ganz anderes Wertesystem als das der sozialen Hierarchie bezog und dem Fürsten, diesem wohl unbemerkbar, verschlossen blieb. Dies leistet einem idealisierendenen Blick auf Künstler und Kunstwerk Vorschub, den Settis nicht ohne Ironie beschreibt: Im Namen der Kunst hätten, meint er, die platten Bedürfnisse des Auftraggebers besiegt werden müssen, um, wie es die Mission des wahren Künstlers sei, in einer höheren, zeitlosen Atmosphäre aufzugehen, wo Auftraggeber und Sujet nicht mehr zählen.[36] Der frühe Manierismus beweist mit seiner intellektuellen Flucht nach vorn in die Superiorität eines den Künstlern und Intellektuellen vorbehaltenen, den Mächtigen aber verschlossenen Reiches ein beachtliches Maß an Selbstreflexion – und vielleicht auch Resignation: Kein Anspruch einer Allgemeingültigkeit, wie ihn die Renaissance festhielt, läßt sich mehr aufrechterhalten.

Mit den Manieristen der zweiten Generation, die sich dem Einfluß der vom Tridentiner Konzil erhobenen restriktiven Forderungen nicht entziehen können, wandeln sich die Dinge: Die Elemente, die im Lauf des Spiels entstanden waren – als ephemere Begleitung, nicht als Ziel des Verfahrens –, verlieren ihren Bezug zu den klassischen Vorbildern, verfestigen sich in eine Eigenständigkeit und werden zu

[36] Settis 1982, 17f.

Teilen eines neuen Kanons; der Manierismus schafft sich seine eigenen Konventionen und wird zum Stil. Vor diesem Hintergrund kann sich nun Palladio, dessen frühe Arbeiten deutlich unter dem Einfluß Giulios stehen – der Palazzo Thiene etwa oder die bis um 1550 entstandenen Villen –, einem erneuten Klassizismus zuwenden,[37] und Vignola entwickelt seinen professionellen Eklektizismus, der sich, dem jeweiligen Bedarf folgend, aus dem gesamten Fundus der Renaissancearchitektur von Brunelleschi bis zum Manierismus bedient, sie als abgeschlossenen Korpus sozusagen von außen betrachtet und so vom Ende der Renaissance als lebendiger Tradition kündet. Das komplizierte und elitäre Spiel, von Michelangelo und Giulio in den zwanziger Jahren des 16. Jahrhunderts erfunden, erwies sich als kurzlebig – sein Ende verdankt es unter anderem der Tatsache, daß es, in seiner Bezogenheit auf den überkommenen Kanon auf Fehler und Regelverstoß aufbauend, ohne die klassische Regel, deren Verbindlichkeit es ja gerade unterlief, nicht mehr gespielt werden kann: Mit der Regel stirbt auch der Fehler.

Von hier aus nimmt unsere Geschichte des Fehlers jedoch eine unerwartete Wendung. Was der Renaissance trotz ihres Anspruchs auf allgemeine Gültigkeit versagt blieb, erreicht der Manierismus ohne Anstrengung: Er wandert von Italien aus über die Alpen und wird zur *lingua franca* der europäischen Architektur. Kaum aber hat er das Land seines Ursprungs verlassen, fällt er unter die Barbaren. Βάρβαροι (Bárbaroi, Stammler) waren für die Griechen der klassischen Zeit alle

37 Auch bei Palladio treibt der Fehler sein so fruchtbares wie folgenreiches Wesen: Die ›klassischen‹ Tempelfronten seiner Villen seit der Mitte der fünfziger Jahre, ein Element, dessen Nachahmungen vor allem im angelsächsischen Raum Legion sind, verdanken ihre Einführung dem archäologischen Mißverständnis, antike Villen hätten stets Portikus und Giebel besessen – eine Fehlannahme, der der Architekt wohl bereitwillig aufgesessen sein wird. In Palladios Projekt der getreuen Rekonstruktion des antiken Landhauses sind sie somit, objektiv gesehen, ein ›Fehler‹, doch verleihen sie, wie Murray meint, den Bauten eine Würde, die sie sonst vielleicht nicht erreicht hätten (Murray 1975, 309).

diejenigen, die außerhalb ihres Sprachraums lebten, sich daher unverständlich ausdrückten und außerstande waren, das Griechische oder gar seine Feinheiten zu verstehen.

Verständnisfehler bei Wörtern anderer Sprachen und ihre Folgen sind ein so ergiebiger wie amüsanter Bereich der Linguistik. Das Chinesische etwa kann als Wortschrift in Ermangelung eines Alphabets keine von einer Bedeutung unabhängigen Silben, sondern nur feststehende Begriffe wiedergeben und schreibt deshalb fremde Namen durch lautähnliche chinesische Morpheme, wodurch sich merkwürdige, zufällige, manchmal das Sinnvolle streifende und deshalb äußerst fehlerfreudige Bedeutungsketten ergeben: Rio de Janeiro beispielsweise erhält als »Dorf-zustimmen-heiß-drinnen-Kohlenpfanne« ein nicht einmal unpräzises, doch recht verzerrendes Gepräge, im Namen Tschaikowsky liest der Chinese »Feuerholz-plötzlich-anfangen-dieses-Grundlage«, und Dickens evoziert als »wiederholt-ändern-dieses« eine klare, doch in seinem Fall gänzlich falsche Vorstellung schriftstellerischen Arbeitens.[38]

Wie aus solchem Mißverstehen eine eigene Folgerichtigkeit entsteht, zeigt ein anderes Beispiel: Die Glückwunschformel der Flieger, »Hals- und Beinbruch«, läßt sich leicht als eine Art Abwehrzauber deuten, auch in dem Sinne, daß der Glücksumstand nicht genannt werden darf, da das Glück sich dann verflüchtigen würde – Vergleichbares ist dem alltäglichen Aberglauben unterschiedlichster Kulturen geläufig. In Wirklichkeit jedoch ist jene Formel die Verballhornung des jiddischen *hazloche und broche*: Glück und Segen.[39] Damit aber eine Sache so vollständig in ihr Gegenteil verkehrt werden kann, muß sie im Mißverstehen in eine vorgeprägte Struktur einzupassen sein: Voraussetzung ist die Sinnfälligkeit. So kann der Wunsch, fehlverstanden, doch richtig, schließlich als Muster für andere dienen: »Mast- und Schotenbruch«, »Riemen- und Dollenbruch«.

[38] Haarmann 1991, 187.

[39] Gerhard Henschel in: Henscheid et al. 2000, 317.

Auf solch solide gegründetes Mißverstehen trifft nun, mit vergleichbaren Folgen, die Architektur der Renaissance, als sie sich in ihrer manieristischen Spielart über ganz Europa ausbreitet. Bauherren wie Architekten außerhalb Italiens waren mit Vokabular und Grammatik der italienischen Renaissancearchitektur so weitgehend unvertraut, daß für sie selbst die ›klassischen‹ Bauten schwerlich einen anderen als exotischen Reiz besitzen konnten – wie hätten sie da in der Lage sein sollen, der komplexen Rhetorik und den elaborierten Sprachspielen der Manieristen auch bloß annähernd zu folgen?

So geht die Architektur des Nordens ab etwa der Mitte des 16. Jahrhunderts unter dem Einfluß der italienischen Vorbilder – die wichtigste Rolle spielt hier der Palazzo del Tè – übergangslos von einer üppig wuchernden Spätgotik zu einer, wie Murray meint, ebenso überladenen Pseudoklassik über, ohne ein echtes klassisches Stadium durchlaufen zu haben.[40] Was bereitwillig übernommen wird, ist keineswegs das Ideal der *concinnitas*, das maßvolle klassische Architektursystem mit seiner organischen Hierarchie der Teile; es sind im Gegenteil gerade die manieristischen Phantasmagorien, die bereitwillige Aufnahme finden, die mutwilligen Verstöße gegen das der Klarheit verpflichtete Regelwerk der Renaissance, in deren Nonkonformismen die nordeuropäische Renaissancearchitektur mit bemerkenswerter Unbekümmertheit schwelgt, unbeirrt von der Tatsache, daß diese ohne eine enge Vertrautheit mit der Konvention und dem historischen Kontext nur gründlich falschverstanden werden können. Die Elemente werden übernommen ohne Rücksicht auf die Funktion, die sie sowohl im Zusammenhang des Gebäudes selbst als auch in dem übergeordneten des Korpus der italienischen Renaissance einnehmen. Die Grammatik spielt keine Rolle; es werden lediglich die ohne große Mühen benutzbaren Teile des fremden Vokabulars ausgewählt und dem eigenen Idiom einverleibt und angeglichen, ohne daß man die komplexeren Bedeutungsschichten hätte erfassen müs-

40 Murray 1975, 317.

sen – wie wir es bei der Übernahme von Wörtern fremder Sprachen zuhauf beobachten können. Giulios eigenes Haus in Mantua etwa (Abb. S. 109), dem kundigen Betrachter die geistreich kontrastierende Paraphrase von Bramantes vielzitiertem Palazzo Caprini und ohne

Sebastiano Serlio
Portalentwurf aus dem 4. Buch, 1537

diesen Bezug letztendlich nicht richtig zu verstehen, umweht von einem leisen Hauch des Grotesken[41] und geradezu ein Musterbeispiel des von Cardano formulierten manieristischen Ideals der *subtilitas*,[42] wurde von den Architekten und Auftraggebern jenseits der Alpen kopiert, die vom Vorbild nie etwas gehört hatten[43] und denen die hochkultivierte Ironie der Italiener fremd bleiben mußte.

41 Wirklich könnte man versucht sein, von einer architektonischen Groteske zu sprechen; zumindest die der malerischen Groteske eigentümliche Metamorphose der Linie zu Ornament und Körper hat ihre auffällige Entsprechung etwa in der Umdeutung eines Gesimses in einen Giebel oder in der eines Entlastungsbogens zur Wandstruktur.

42 Gerolamo Cardano, »De subtilitate«, 1550.

43 vgl. Murray 1975, 190.

Sieht man einmal von der Fuggerkapelle in St. Anna zu Augsburg (1509-1518) mit ihrer einigermaßen unorganischen, aber während des folgenden Jahrhunderts hartnäckig wiederholten Kombination von venezianisch inspiriertem Wandaufbau und spätgotischem Ge-

Wendel Dietterlin
Portalentwurf aus Architectura [...], *1591*

wölbe ab, so kann als frühester Bau des neuen Stils, ein einsamer und folgenloser italienischer Fremdling auf deutschem Boden, die Stadtresidenz in Landshut gelten, die zwischen 1536 und 1543 unter Hinzuziehung mantovaner Meister errichtet wurde und in der deutlich der Einfluß, wenn nicht gar die Hand Giulios zu erkennen ist[44] – das Beispiel eines gemäßigten Manierismus, der in seinem Hang zur Klassizität so gut wie nichts mit dem zu tun hat, was sich in der Folgezeit als die deutsche Spielart der Renaissancearchitektur entwickeln sollte. Denn diese schert sich keinen Deut um das Klassische. Sie bedient sich der italienischen Vorlagen, an erster Stelle der Bücher Serlios,

44 Kurt W. Forster in: Gombrich et al. 1989, 512ff. Tönnesmann widerspricht der Zuschreibung an Giulio (Arasse, Tönnesmann 1997, 105).

die ein breites Spektrum vom Regelgerechten bis zu wuchernden Manierismen bieten, mit Vorliebe der Deformationen, der expliziten Kontraste zum klassischen Ideal der Renaissance[45] – in unserem Zusammenhang also der ›Fehler‹ –, und je wilder die Bizarrerien und die Outriertheiten blühen, desto bereitwilliger werden sie aufgenommen. Das Verfahren der Übernahme könnte man als eine ›Fehlerverdopplung‹ bezeichnen: Im Mißverstehen wandelt sich ein Fehler zum positiven Vorbild.

Die spielerischen und lustvollen *bizarrie*, die in der Ästhetik des italienischen Manierismus als verzerrtes Abbild eine entscheidende Funktion haben, gleichzeitig vereinnahmend und distanzierend, werden für das Ding selbst genommen: Die Elemente des Dekors, bei Giulio das paradoxe Mittel der Entlarvung, sind mit dem Enthusiasmus der Naivität ins Positive gewendet und alsbald ins Unmäßige gesteigert – man vergleiche etwa die Blätter Serlios mit denen eines Flettner, Ebelmann, Unteutsch oder Dietterlin.

Freilich wäre ein auf diesen Überlegungen basierendes allgemeines Urteil über die Baukunst der deutschen Renaissance – das ja nur ein vernichtendes sein könnte – einigermaßen ungerecht. Allenfalls läßt sich sagen, daß die transalpine Übernahme des Stils den italienischen Kriterien nicht standhalten kann. In der deutschen Architektur des

[45] Serlio gibt in seinem »Libro extraordinario«, wo die Entwürfe für Portale üppigste Blüten treiben, für den Bezug des manieristisch Verfremdeten zum klassisch korrekten Vorbild eine präzise Formulierung: »Hie und da habe ich einen Giebel unterbrochen, um eine Tafel oder ein Wappen anzubringen. Ich habe viele Säulen, Pfeiler und Türstürze mit Bändern versehen und manchmal Friese, Triglyphen und Blattwerk unterbrochen. Nimmt man jedoch diese Zutaten weg und stellt die gebrochenen Gesimse wieder her oder vervollkommnet die Säulen, wo sie unfertig sind, so bleibt das Ganze wieder intakt und in seiner ursprünglichen Gestalt.« (Nach Gombrich 1988, 117.) — Serlios Erfolg beruht sicherlich auch darauf, daß er, im Gegensatz zu den viel anspruchsvolleren Traktaten von Vitruv und Alberti, sich des Theoretisierens weitgehend enthielt und ein leichtverständliches praxisbezogenes Lehrbuch verfaßte, bei dem der Schwerpunkt auf den Illustrationen liegt.

16. Jahrhunderts finde man, meint Wölfflin, verglichen mit der italienischen, einen Rest von Dumpfheit, Schwere, Ungelöstheit; er will dies jedoch nicht als Unvollkommenheit der Geschmacksbildung sehen, sondern als Ausdruck einer anderen physischen und metaphysischen Grundeinstellung und spricht im selben Zusammenhang (ohne Ironie) von der »natürlichen Irrationalität der Deutschen«.[46] Lübke und Haupt erkennen, treuherzig, »eine gewisse frische Derbheit und Fülle, die den deutschen Arbeiten jener Frühzeit wieder einen besonderen Reiz verleiht«.[47]

Man kann jedoch nicht sagen, daß das Italienisch der Renaissance in Nordeuropa gänzlich unverstanden bliebe – denn auch wer eine Sache mißversteht, ist schließlich überzeugt, sie kapiert zu haben, und wenn er etwas ganz anderes als das Gemeinte erfaßt hat, so spielt dies im Grunde genommen bloß dann eine Rolle, wenn man sich den Standpunkt des Sprechenden zu eigen macht. Es geschieht dasselbe wie bei der Verballhornung von *hazloche und broche* zu »Hals- und Beinbruch«: Begriffen wird dasjenige, für dessen Aufnahme der Weg gebahnt ist, das sich zur Einpassung in Struktur und Präferenzen der eigenen kulturellen Parameter anbietet, also dem eigenen Formgefühl entspricht und sich in der heimatlichen Zunge vertraut anhört. Was die Italiener als schmerzliche Dissonanzen wahrgenommen hätten, klingt dem nordeuropäischen Empfinden vertrauter und deshalb ›richtiger‹ als deren fremdartige Harmonien.

Bei diesem Prozeß erfüllt die bunte, groteske Phantastik der manieristischen Deformationen viel eher die Voraussetzungen für eine Assimilierung als die rationalistische und nur den Initiierten verständliche Subtilität des Regelkonformen. So kann mit Recht vermutet werden, daß es in scheinbarem Paradox gerade die Verständnisfehler sind, die eine breite und dauerhafte Rezeption der Renaissancearchitektur außerhalb Italiens erst ermöglichen: Ohne das mildtätige Ver-

46 Wölfflin 1931, 113, 72.

47 Lübke 1913, I, 156.

mittlungswerk des Mißverstehens hätte alles vollständig fremd und gänzlich unbegreiflich bleiben müssen.

Es geht hier den transalpinen Architekten und wohl mehr noch ihren Bauherren wie Hebels reisendem Handwerksburschen, der sich kraft seiner Unkenntnis des Holländischen das beneidete Phantom des reichen Herrn Kannitverstan erschafft und bei dessen vermeintlicher Beerdigung »von der holländischen Leichenpredigt, von der er kein Wort verstand, mehr gerührt [ward] als von mancher deutschen«:[48] Begriffen wird das, was die Vorurteile nahelegen, die Einbildung treibt Blüten, doch die Empfindung ist aufrichtig.

Hat der Gärprozeß der Akkulturation einmal eingesetzt, in Gang gebracht durch die Hefe der Irrungen, nehmen die transalpinen Strömungen ihre eigene Entwicklung; ungeachtet der Geburt aus Fehler und Mißverstehen schaffen sie sich eigene stilistische Kanons, die ihrerseits wieder Verstöße ermöglichen, wenn auch in eingeschränktem Maß: Sie etablieren sich durch Traditionen, als absichtslose Regelwerke von vergleichsweise lockerer Fügung und nicht, wie der Kodex der italienischen Renaissance, als Ergebnis zielgerichteten Stilwollens, weshalb sie auch für ein ausgeklügeltes Spiel wie das der italienischen Manieristen gänzlich ungeeignet sind.

Das Ergebnis des Fehlers ist also keineswegs das Falsche – es zeichnet sich im Gegenteil durch eine eigentümliche Korrektheit aus. Denn für den, der die Regel nicht kennt, ist der Verstoß nicht zu bemerken, und für denjenigen, der sie nicht anerkennt, ist die Frage nach dem Fehler bedeutungslos. Wittgenstein schreibt im zweiten Teil der »Philosophischen Untersuchungen«: »›Wenn auch alle Menschen glaubten, 2×2 sei 5, so wäre es doch 4.‹ — Wie sähe denn das

[48] Hebel 1968, 51 ff. — In die vielfältigen Mißverständnisse dieser Kalendergeschichte sieht sich auch der Leser unvermittelt verstrickt: Kaum hat er den Protagonisten wegen seines Irrtums belächelt, muß er sich an der eigenen Nase packen, wenn er liest, der Amsterdam durchwandernde Tuttlinger komme an »den Meerbusen, der da heißt: Het Ei, oder auf deutsch: das Ypsilon«.

aus, wenn alle Menschen dies glaubten? – Nun, ich könnte mir etwa vorstellen, sie hätten einen anderen Kalkül, oder eine Technik, die wir nicht ›rechnen‹ nennen würden. Aber wäre das falsch? (Ist eine Königskrönung falsch? Sie könnte, von uns verschiedenen, Wesen höchst seltsam erscheinen.) Mathematik ist freilich, in einem Sinne, eine Lehre, – aber doch auch ein Tun. Und ›falsche Züge‹ kann es nur als Ausnahme geben. Denn würde das, was wir jetzt so nennen, die Regel, so wäre damit das Spiel aufgehoben, worin sie falsche Züge sind.«[49]

»*Les hommes (dit une sentence Grecque ancienne) sont tourmentez par les opinions qu'ils ont des choses, non par les choses mesmes.*«[50] Hier beginnt unsere Konzeption des Fehlers allmählich etwas unscharf zu werden – zu einer Frage der Wahrnehmung und der Perspektive und zu einem Trost für schlechte Schüler. Doch sei daran erinnert, daß hier keinesfalls die Eloge der Vollkommenheit gesungen werden soll, sondern ganz im Gegenteil die Apologie der Fehler das Ziel dieser fragmentarischen Ausführungen ist – als eine fruchtbare Subversion, eine Art List des Weltgeists. Und es sei darauf verwiesen, daß die Evolution, selbst wenn man sich darauf hinausredet, in ihr den Finger Gottes erkennen zu wollen, sich ohne das Wirken von Fehlern wohl nicht erklären läßt.

Für Gerhart Schröder

49 Wittgenstein 1969, 539f.

50 Michel de Montaigne, Essais, I, 14. Zitiert wird Epiktet, Enchiridion c5.

Arasse, Daniel, und Andreas Tönnesmann, *Der europäische Manierismus. 1520-1600*, München 1997.

Borges, Jorge Luis, *Essays 1952-1979*, München und Wien o. J.

Chastel, André, *Die Krise der Renaissance. 1520-1600*, Genf 1968.

Gombrich, Ernst H., *Neues über alte Meister. Zur Kunst der Renaissance IV*, Stuttgart 1988.

— et al., *Giulio Romano*, Mailand 1989.

Haarmann, Harald, *Universalgeschichte der Schrift*, Frankfurt a. M., New York 1991.

Hager, Werner, *Barock Architektur*, Baden-Baden 1968.

Hauser, Arnold, *Der Manierismus*, München 1964.

— *Sozialgeschichte der Kunst und Literatur* [1953], München 1990.

Hebel, Johann Peter, *Erzählungen des Rheinländischen Hausfreundes. Vermischte Schriften*, Werke Bd. I, Frankfurt a. M. 1968.

Henscheid, Eckhard et al., *Kulturgeschichte der Mißverständnisse. Studien zum Geistesleben* (1997), Leipzig 2000.

Hocke, Gustav René, *Manierismus in der Literatur. Sprach-Alchimie und esoterische Kombinationskunst*, Hamburg 1959.

Koch, Herbert, *Vom Nachleben des Vitruv*, Baden-Baden 1951.

Kruft, Hanno-Walter, *Geschichte der Architekturtheorie*, [3]München 1991.

Lem, Stanisław, *Mondnacht. Hör- und Fernsehspiele*, Frankfurt a. M. 1977.

Lübke, Wilhelm, *Geschichte der Renaissance in Deutschland*. Neu bearbeitet von Albrecht Haupt, 2 Bde., Esslingen 1913.

Millon, Henry A., *Baroque and Rococo Architecture*, [8]New York 1981.

Murray, Peter, *Architektur der Renaissance*, Stuttgart 1975.

Norberg-Schulz, Christian, *Architektur des Spätbarock und Rokoko*, Stuttgart 1975.

Settis, Salvatore, *Giorgiones ›Gewitter‹. Auftraggeber und verborgenes Sujet eines Bildes in der Renaissance* (1978), Berlin 1982.

Shearman, John, *Mannerism*, Harmondsworth 1967.

Tatarkiewicz, Władysław, *Geschichte der Ästhetik. III: Die Ästhetik der Neuzeit. Von Petrarca bis Vico*, Basel und Stuttgart 1987.

Teufel, Richard, *Vierzehnheiligen*, Lichtenfels 1957.

Wölfflin, Heinrich, *Renaissance und Barock*, München 1888.

— *Italien und das deutsche Formgefühl*, München 1931.

Wittgenstein, Ludwig, *Schriften I: Tractatus logico-philosophicus; Tagebücher 1914-1916; Philosophische Untersuchungen*, Frankfurt a. M. 1969.

Wundram, Manfred, *Frührenaissance*, Baden-Baden 1970.

DIE VERSCHWIEGENE *VENUSTAS*
Pietistischer Barock

AUGUST HERMANN FRANCKE[1] dürfte sich beim Bau seines Hallenser Waisenhauses vor ein Problem, wenn nicht gar Dilemma gestellt gesehen haben. Dies trifft mitten in ein zentrales Thema des Barock, nämlich das der Repräsentation – oder, um es anders zu benennen und vielleicht genauer einzugrenzen, der Angemessenheit und des *decorum*, oder, um den vitruvianischen Begriff zu verwenden, des *decor*. Letzteres heißt nun wörtlich ›das Schickliche, das, was sich ziemt‹ und ist auf die Würde der Erscheinung eines Objekts zu beziehen, aufs engste mit der Zweckbestimmung verbunden. Bei Vitruv ist die Frage des *decor* die nach der Angemessenheit von Zweck und Gestalt eines Bauwerks[2] – man könnte dies im barocken Kontext als die Frage nach dem Verhältnis des Objekts zu dessen Repräsentation in seiner Erscheinung formulieren.

Welche Erscheinung kann nun Franckes Waisenhaus angemessen sein? Hier gilt es, insbesondere zwei Aspekte zu berücksichtigen, die

[1] Lübeck 1663 – Halle 1727. Pietistischer Theologe und Pädagoge. Gründete 1698 in Halle die ›Glauchaischen Anstalten‹, zunächst als Waisenhaus, aus dem dann die später so genannten ›Franckeschen Stiftungen‹ hervorgingen, eine großangelegte philanthropisch-pädagogische, äußerst erfolgreiche Unternehmung, die Wohnungen, Gärten, verschiedene Schulen, eine Apotheke und Werkstätten unterhielt, darunter eine der leistungsfähigsten Druckereien Europas und die bei seinem Tod mehr als 2300 Menschen beherbergte. Sein hier entwickeltes und praktiziertes, in zahlreichen Schriften dargelegtes pädagogisches Konzept wirkte weit über Halle hinaus und gilt in vieler Hinsicht als wegweisend. Vgl. Zaunstöck 2013.

[2] Vitruv I;ii. Vgl. Kruft 1991, 26f.

Schaufassade der Franckeschen Stiftungen
Zustand 2017

auf den ersten Blick unvereinbar scheinen. Francke betont, wohl nicht ohne Rücksicht auf seine Geldgeber, in den umfangreichen Publikationen zum Waisenhausprojekt die, wie soll man es nennen, ökonomische Tugendhaftigkeit seiner Unternehmung, überschlägt sich schier in Versicherungen, auch nicht den geringsten Luxus sich geleistet zu haben, insistiert auf radikaler Zweckgebundenheit, schiebt fast ängstlich das wenige, das als Bautenzier aufgefaßt werden kann, auf eine Insubordination seines Architekten, und er ergeht sich in einer Rechtfertigung der steinernen Freitreppe, die nicht ohne Weitschweifigkeit ihr Vorhandensein, ihre Form und ihren Stoff nach den Maßgaben der Zweckmäßigkeit und der Festigkeit vor den offenbar geäußerten Vorwürfen der Unbescheidenheit, der aller pietistischen

Überzeugung widersprechenden Prachtentfaltung und des eitlen Spiels zu legitimieren sucht.[3]

Im Verein mit den beständig beschworenen pietistischen Tugenden der Bescheidenheit und der Sparsamkeit sind diese beiden, Zweckmäßigkeit und Festigkeit, die hauptsächlichen Kriterien, als von denen durchdrungen er sein Werk darlegt, und er benennt hier, wie Sabine Heiser herausstellt, zwei Kategorien, welche nach Vitruv die Baukunst zu erfüllen hat: *firmitas* und *utilitas*.[4] Die *venustas*, die dritte, wird in den »Segensvollen Fußstapfen«, der rhetorisch aufs sorgfältigste konstruierten Franckeschen Werbe- oder Propagandaschrift, kaum je anders denn als etwas erwähnt, dessen man sich zu enthalten habe, oder auf das zumindest keinesfalls irgendwelche Mittel zu wenden seien: Alles, schreibt er, was einem Gebäude eine Zierde gebe und kostbar sei, habe der (nirgends namentlich erwähnte) Baumeister nicht nur nicht gesucht, sondern sogar mit allem Fleiß vermieden.[5] Die Adressaten seines Buches, die alten und vor allem die zukünftigen Geldgeber des mittlerweile weit über seine bescheidene Benennung hinausgewachsenen Waisenhauses, werden von solch gottgefälliger Ökonomie mit Wohlgefallen gelesen haben.

Das Werk hatte sich binnen kürzester Zeit zu einer außerordentlich erfolgreichen, ja tatsächlich mächtigen Unternehmung entwickelt – eine ans Mirakulöse grenzende Erfolgsgeschichte, die in der Zeit um 1700 ihresgleichen sucht. Für Francke, in dessen Pädagogik die Anschauung und das auf ihr fußende Begreifen eine zentrale Stellung einnehmen und der Gott in seinem Wirken erkennen will, war dies ein Zeichen für ein unmittelbares Eingreifen des Schöpfers in die Dinge der Welt und so eine Art Gottesbeweis, den man vielleicht als empirisch oder praktisch bezeichnen könnte.

3 Francke 1709, 154 ff.

4 Heiser 2015, 163.

5 Francke ebd., 158.

Der Titel seiner Schrift, »Fußstapfen«, könnte kaum eindeutiger sein, und indem er sich einer pietistischen Rhetorik der Demut und Bescheidenheit bedient, bezeichnet er sich auch nicht als den Urheber, sondern als Gottes Werkzeug, wodurch er diesen selbst zum Bauherrn, wenn nicht gar zum Baumeister der Glauchaer Anstalten macht, in einer hübschen Wendung des geläufigen Bildes von Gott als Architekt. Was nun die Frage impliziert, inwiefern sich die Manifestation einer Architektur Gottes in ihrer unabdingbaren Schönheit denken ließe – und nicht zuletzt diejenige, wie solches sich gar mit der geforderten und stets betonten Bescheidenheit, ja der von Francke so herausgestellten Armseligkeit in Übereinstimmung bringen lassen könnte. Dies das Dilemma, in dem wir Francke vermuten können. — Daß freilich solche Spekulation, sollte er sie denn angestellt haben, in seinen Schriften keinen Niederschlag findet, vermag kaum zu verwundern.

Ein einziges konkretes, außerordentlich prominentes Exempel für eine Architektur, die nicht Menschenwerk ist, sondern göttlichen Ursprungs, also geoffenbart, beschreibt an mehreren Stellen die Bibel – den Salomonischen Tempel, und sie macht hier so genaue Angaben, daß zumindest über einige grundlegende Aspekte kaum ein Zweifel bestehen kann. Sie gibt exakte Maße: 20 Ellen für die Breite, 30 für die Höhe und 60 für die Länge.[6]

Die neuzeitlichen Rekonstruktionsversuche sind zahlreich; sowohl für die Theologen als auch für die Architekten war die Frage nach seiner Gestalt von größtem Interesse. Johann Bernhard Fischer von Erlach (1656-1723) stellt ihn an den Anfang seines monumentalen Werks »Entwurff einer historischen Architectur«, der 1725 erschienenen ersten Universalgeschichte der Baukunst,[7] und er orientiert sich hier genau an einer mehr als hundert Jahre zuvor erschienenen Vorlage, nämlich dem Hesekiel-Kommentar des spanischen Jesuiten

6 1 Reg 6, 2; s.a. Ez 41, 2-4.

7 Fischer von Erlach 1725, Taf. 1 & 2.

Juan Bautista Villalpando (1552-1608).[8] Der Einfluß von dessen ausgesprochen üppiger Version des Jerusalemer Tempels war bedeutend – das in Hamburg aufbewahrte große Holzmodell[9] etwa, gegen Ende des 17. Jahrhunderts entstanden, folgt ihr getreu, und die Auswirkungen nicht zuletzt auf die Klosterarchitektur sind wohl kaum zu unterschätzen.

Freilich bot Villalpando reichlich Anlaß zu Kritik. So führt etwa Christoph Semler (1669-1740) an, daß Villalpando, ungeachtet seiner Gelehrsamkeit, nach sechzehnjähriger Arbeit doch nur eine Gestalt des Jerusalemer Tempels produziert habe, die nicht auf historische Treue abziele, sondern auf Pracht und Üppigkeit und die der Ausdruck vitruvianischen Gedankenguts sei.[10] Semlers hier zitiertes Buch erschien, ohne Nennung seines Namens, 1717 in der Druckerei des Waisenhauses und war der Begleitband zu dem großen, von ihm in Franckes Auftrag verfertigten Modell des Salomonischen Tempels, das in Glaucha ausgestellt war, als eine der dortigen Hauptattraktionen.

Sechs Modelle hatte Semler für Francke angefertigt: neben zwei mechanischen Himmelsmodellen je eines des Heiligen Landes, der Stadt Jerusalem, der Stiftshütte und eben des Tempels.[11] Ein weiteres Modell ergänzte die Sammlung (und ist auch heute noch dort zu sehen): das des Waisenhauses selbst. Dieses letztere entbehrt nicht einer gewissen Auffälligkeit, denn dienen die anderen Modelle dazu, Objekte anschaulich und begreifbar werden zu lassen, denen ansonsten die Anschaulichkeit fehlen würde, so steht hier das Dargestellte

8 Villalpando 1596-1604.

9 Angefertigt gegen Ende des 17. Jahrhunderts im Auftrag des Hamburger Ratsherrn Gerhard Schott, 1732 von August dem Starken erworben und im Zwinger in Dresden ausgestellt. Heute im Museum für Hamburgische Geschichte, Hamburg. Siehe hierzu Korey 2009 und 2010.

10 Semler 1718.

11 Zum Hallenser Tempelmodell vgl. Whitmer 2009.

ja als greifbares Original unmittelbar vor Augen, was das Modell unübersehbar redundant werden läßt.

An zweierlei wäre hierbei zu denken (wenn man einmal außer acht lassen will, daß das Modell Francke nicht zuletzt dazu gedient haben mag, beim *fund raising* ein anschauliches Bild des Vorhabens zu geben): zum einen in der Konfrontation des Modells mit seinem Urbild an eine prinzipielle Verifizierung des Modells an sich, also Grundsätzliches zur barocken Thematik der Repräsentation, zum anderen aber, wie Sabine Heiser herausstellt, an die Absicht einer Parallelisierung von Tempel und Waisenhaus im Nebeneinander der beiden Modelle[12] – und auch hier ist der Gedanke an die Repräsentation nicht fern.

Daß solches nicht von der Hand zu weisen ist, zeigt ein Blick auf andere Teile der Franckeschen Medienoffensive. Zunächst auf einen Spruch, der sich auf einem von David Ulrich Boecklin angefertigtem Kupferstich des Waisenhauses findet, einer der zahlreichen Ansichten, die von den Hallenser Anlagen veröffentlicht wurden. Auf der linken Seite wird das Haus des Obed-Edom erwähnt, wo David während der Auseinandersetzung mit Absalom die Bundeslade unterstellte und dem deswegen Gottes besonderer Segen zuteil wurde,[13] auf der rechten wird ein vergleichbarer Segen auf das Waisenhaus herabbeschworen, als das Werk, das Gott mit eigener Hand ausführte und wo er sein Feuer und seinen Herd hat.[14] Diese archaische Chiffre für das

[12] Heiser 2015, 162ff.

[13] 2Sam 5, 10–13; 1Chr 13, 13–14.

[14] links: *Des Obed Edoms Hauß empfängt von GOTT den Seegen,*
Weil es die Bundes Lad verwahrt und CHRISTUM ehrt:
Die Häuser stehen fest die dieses Kleynod hegen,
Und bleiben vor der Wuth der Feinde unversehrt.
rechts: *JEHOVA Seegen wird auch unter uns gespüret.*
Der hat Sein Feur und Heerd allhier an diesem Ort.
GOTT hat mit Seiner Hand dies Werk hinaus geführet.
Der fundus ist Sein Hertz und sein Verheißungs Wort.

David Ulrich Boecklin, Ansicht der Franckeschen Stiftungen
Kupferstich, um 1730

Wohnen läßt sogleich an den Salomonischen Tempel denken, als dessen Beschreibung sie ja eigentlich einzig genommen werden kann: die Wohnung des Herrn und den endgültigen Aufbewahrungsort der Lade im Allerheiligsten, in dem Haus, das nach Gottes unmittelbaren Vorgaben errichtet wurde. So also, wie das Haus des Obed-Edom exegetisch auf den Jerusalemer Tempel zu beziehen ist (darüber hinaus, wie eigens erwähnt, auf Christus) – nicht abbildend, sondern repräsentierend, motivisch, im Sinne einer Signatur –, so wäre dann auch der Bezug des Waisenhauses zum Tempel aufzufassen.

Doch auch die Abbildungen des Waisenhauses stellen einen nicht weniger unmittelbaren Bezug zum Tempel her: Der überwiegende Teil der zahlreichen Darstellungen, von der zur Grundsteinlegung geschlagenen Medaille über den den »Fußstapfen« beigegebenen Plan bis hin zu diversen Signets der waisenhauseigenen Druckerei, gibt in auffälliger Weise das Waisenhaus in genauer Übereinstimmung mit den in der Bibel erwähnten Proportionen des Salomonischen Tempels wieder, oder vielleicht genauer, als deren Paraphrase: 2:3:6. Damit nicht genug, zeigt sich auch eine genaue Übereinstimmung der Maße – einigen der Stiche ist ein Maßstab beigefügt, gemäß dem die Abschnitte jeweils 40' breit sind, 60' hoch und das Ganze 120' lang, also die 20, 30 und 60 Ellen des Tempels. Rheinländische Fuß, oder genauer Schuh, sind auf einem der Pläne angegeben, diejenige Maßeinheit, die um 1700 im Deutschen Reich am weitesten verbreitet war und die mit einer Länge von 313,85 mm dem ausgeführten Gebäude zugrunde gelegt ist – die Abweichungen der relevanten Maße hiervon betragen nur wenige Tausendstel.

Die publizierten Fassaden stimmen indes in auffälliger Weise nicht mit dem ausgeführten Gebäude überein, das weit davon entfernt ist, sich so konsequent an die idealen Verhältnisse und Maße des Tempels zu halten. Zwar sind diese auch hier zu finden, doch mit größerer Mühe und keinesfalls mit der Schlüssigkeit und Offensichtlichkeit der Publikationen. Gerade diese so exakt übereinstimmenden deutlichen Abweichungen vom ausgeführten Gebäude bei den ansonsten recht uneinheitlichen Ansichten sind als ein Hinweis auf ein planvolles publizistisches Vorgehen zu nehmen, bei dem es darum gegangen sein dürfte, auch hier auf die Parallelität von Waisenhaus und Tempel wo nicht gerade explizit, so doch mit hinreichender Deutlichkeit zu verweisen.

Zumindest einen Hinweis darauf, daß das Gebäude tatsächlich höher und somit möglicherweise in den Proportionen der publizierten Ansichten geplant war, gibt Francke in den »Fußstapfen« – verdeckt wie häufig: Er erwähnt ein aus praktischen Gründen ins Auge gefaßtes fünftes Geschoß, auf das dann aber der mangelnden Festigkeit der Fundamente wegen habe verzichtet werden müssen.[15]

Stellt man einmal den Versuch an und ergänzt den Bau um dieses zusätzliche Geschoß durch die einfache Verdopplung des vierten, so zeigt sich ein Gebäude, das nicht nur in seinem Gesamtbild wesentlich mehr zu überzeugen vermag – in Hinblick auf die Proportionen, doch auch, weil es sich typologisch von der etwas unentschlossenen und vielleicht auch ein wenig fragwürdigen Affinität zu den Schloßbauten entschieden absetzt –, sondern das nun auch in seinen wesentlichen Verhältnissen exakt den idealisierten publizierten Ansichten entspricht.

Dieser Fassung läge dann ein völlig schlüssiges und stringentes Proportionssystem zugrunde, das das salomonische 2:3:6 beträchtlich erweitert: Die einzelnen Felder wiesen die Verhältnisse 1:1, 1:2, 2:3, 3:5 und 5:8 auf, eine höchst interessante mathematische Reihe also – 1:1:2:3:5:8 –, auf die im folgenden noch ausführlicher zurückzukommen sein wird.

Doch auch der Bau, wie wir ihn vor uns sehen – und der sich in den Aspekten, die in unserem Zusammenhang interessieren, nicht vom Zustand des frühen 18. Jahrhunderts unterscheidet –, ist hier nicht ohne Raffinesse. Wenn auch weniger explizit wie bei den idealisierten Ansichten, spielt der Salomonische Tempel auch hier eine

15 Francke 1709, 159.

gewichtige Rolle, wie Thomas Eißing gezeigt hat.[16] Schaut man sich nun die Proportionen der einzelnen Glieder an, so findet sich für den Mittelrisaliten bei einer Breite von 40' eine Gesamthöhe von 65', also ein Verhältnis von 8:13, und bei dessen oberem Teil (der ohne weiteres als ein abgeschlossenes Element zu interpretieren ist) eines von 8:8. Weiter geht es mit 5:8, einem Rechteck, das auch die biblischen Beschreibungen des Tempels mehrfach erwähnen und das sich wie ein Raster über die gesamte Fassade zieht – und das darüber hinaus auch noch die Maße des Mansarddaches bestimmt. Das Frontispiz besitzt, immer noch bei einer stets zugrunde gelegten Breite von 40', mit einer Höhe von 15' die Proportion 3:8, das emblemartig ausgeschmückten Giebelfeld 2:8, und was jetzt noch fehlt, 1:8 nämlich, läßt sich ohne Mühen bei Sockel und Gesims ausmachen.

Die gleiche Reihe wie zuvor also, erweitert noch um die 13. Diese Zahlenreihe – deren erste Glieder sich ja auch aus dem Salomonischen Tempel konstruieren lassen: 1:1 das Allerheilig-

[16] Eißing 2015, 156.

Idealisierte Ansichten der Waisenhausfassade entsprechend dem Proportionsschema des Salomonischen Tempels nach 1 Reg 6, 2 und Ez 41, 2 4. V.o.n.u.: Medaille auf die Grundsteinlegung des Waisenhauses am 13. Juni 1698; Frontispiz der englischen Ausgabe der Segensvollen Fußstapfen, 1705; Segensvolle Fußstapfen, 1709; Verlagssignet der Buchhandlung des Waisenhauses, 1723 (Ausschnitt); David Ulrich Böcklin, um 1730 (Ausschnitt); Gottfried August Gründler, 1749. Die Reihe ließe sich fortsetzen.

ste, 1:2 die Halle, 2:3 der Querschnitt – diese Reihe also hat die bemerkenswerte Eigenschaft, daß die jeweils folgende Zahl durch die Addition der beiden vorangehenden gebildet wird. Ihren Namen, Fibonacci-Reihe, erhielt sie nach Leonardo Fibonacci (eigentl. Leonardo da Pisa, um 1170- nach 1240), einem italienischen Mathematiker des 13. Jahrhunderts, und sie spielt tatsächlich in der Mathematik eine prominente Rolle. Mit ihrer Hilfe läßt sich etwa die Entwicklung von Kaninchenpopulationen beschreiben (wozu Fibonacci sie

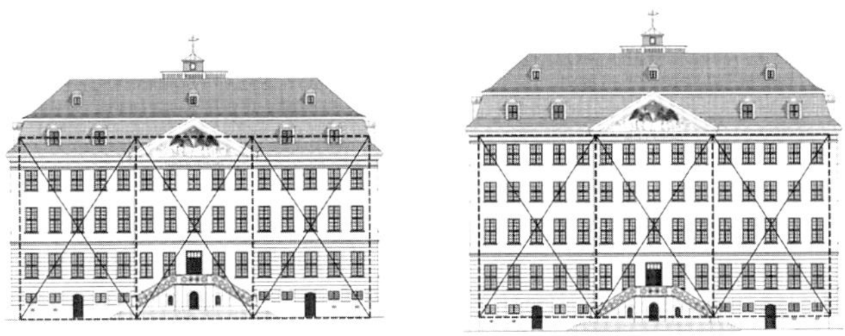

Von den publizierten Ansichten abweichende tatsächliche Ausführung der Waisenhausfassade und hypothetische, um die exakte Verdoppelung des obersten Geschosses ergänzte Version

benutzte) oder das Wachstum von Bäumen, die Anordnung der Schuppen auf Fichtenzapfen bis hin zu metereologischen und astronomischen Phänomenen – so etwas wie ein universales Ordnungsprinzip also, das Corbusier dann zur Grundlage seines von ihm selbst als universell anwendbar aufgefaßten Proportionssystems machte.

Fibonacci war in der Frühen Neuzeit fast vollständig in Vergessenheit geraten – die »Encyclopédie« erwähnt zwar seinen Namen,[17]

[17] In der zweiten, 1777 erschienenen Ausgabe heißt es, wenig korrekt, unter dem Stichwort ›Algèbre‹, Luca Pacioli sei ein Schüler von Leonardo da Pisa gewesen, doch wisse man nichts von des letzteren Schriften. Vgl. http://www.library.ethz.ch/exhibit/fibonacci/fibonacci-01-Rezeption.html.

Hypothetische, um die exakte Verdoppelung des obersten Geschosses ergänzte Fassade (Photomontage)

doch nur, um anzufügen, es sei nichts über ihn bekannt, und auch seine Zahlenreihe führte zu der Zeit, die hier interessiert, ein Dornröschendasein – ihre große Karriere sollte erst im 19. Jahrhundert beginnen. Doch findet sie sich an unterschiedlichen Orten, verstreut, scheint entweder nicht ganz in Vergessenheit geraten oder immer wieder neu erfunden worden zu sein.

Im Zusammenhang dieser Untersuchung interessant und eine denkbare Quelle ist ihr Auftritt in einem prominentem Werk, nämlich 1619 bei Johannes Kepler (1571-1630) in seinem Buch »Harmonices Mundi«.[18] Franckes Interesse an Fragen der Astronomie kann vorausgesetzt werden, fügt sich doch die Erkenntnis der göttlichen Weltgesetze und damit des Schöpfers selbst aus der Anschauung der Gestirne aufs beste nicht nur zu seinem pädagogischen Konzept, sondern ist sie auch für einen pietistischen Geistlichen legitimes Betätigungsfeld – man denke etwa an Philipp Matthäus Hahn (1739-1790), um nur einen zu nennen. Astronomie spielte auch in Franckes Unterrichtskonzept keine geringe Rolle: So ist die Aussichtsplattform über dem Treppenturm als ein Observatorium aufzufassen, und von Semler hatte er zwei große mechanische Weltmodelle anfertigen lassen, dazu angetan, das am Himmel Beobachtete in seiner luziden Gesetzmäßigkeit zu begreifen. Eine Kenntnis dieses Hauptwerks des unorthodoxen evangelischen Theologen Kepler ist also nicht unwahrscheinlich. Die besagte Stelle findet sich im dritten Band, »De Proportionibus«, im Rahmen einer Betrachtung der Sphärenmusik. Neben anderem wird hier die Zahlenfolge als ein Näherungsverfahren an den Goldenen Schnitt beschrieben, der übrigens damals noch nicht so hieß – genauso wie die Fibonacci-Reihe erhielt er den heute gebräuchlichen Namen erst im 19. Jahrhundert; Kepler nennt ihn, wie ein Jahrhundert zuvor Luca Pacioli, *divina proportione.* [19]

›Göttlich‹ ist hier beileibe kein bloßes Epitheton, wie etwa bei Greta Garbo oder Harris Glenn Milstead, sondern in einem ganz konkreten Zusammenhang zu verstehen: Da sich die *divina proportione* durch drei aufeinander bezogene Größen definiert, den Minor, den Major und die Summe beider, wird sie als ein mathematischer Verweis auf die göttliche Trinität verstanden, auf eine christliche Wahrheit, die, wie Elisabeth Tiller es formuliert, ihrerseits die elementaren Geheimnisse von Kosmos und Natur in einem theologisch sanktionierten Sinne bezeichnet.[20]

[18] Kepler 1619, 76ff.
[19] Pacioli 1509.
[20] Tiller 2011.

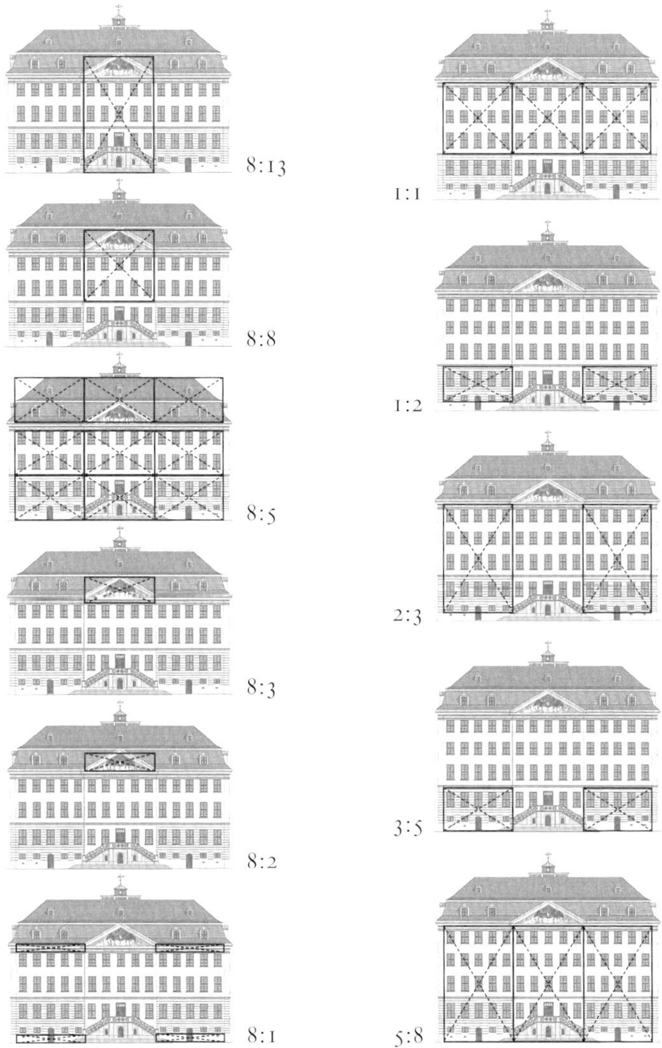

Proportionen der ausgeführten und der hypothetischen Fassade

Nun – was eignete sich besser, ein Werk zu gestalten, das von seinem Erbauer als greifbarer Beweis eines unmittelbaren Wirkens Gottes aufgefaßt und dargestellt wird? Faßt man die recht elaborierten Proportionsspiele der Waisenhausfassade zusammen, so zeigt sich eine Verbindung oder Verflechtung zweier Bezugssysteme: dem geoffenbarten des Salomonischen Tempels und der harmonikalen Ordnung der *divina proportione*. Beide sind, wie wir gesehen haben, im höchsten Maße theologisch-kosmologisch aufgeladen und in einer ganz pietistischen Unmittelbarkeit mit dem Schöpfer selbst in Bezug zu setzen. Die tiefere Bedeutung von Proportion und harmonikaler Ordnung im christlichem Verständnis findet sich bei Leonhard Christoph Sturm (1669-1719) formuliert, Mathematiker, Baumeister und Architekturtheoretiker, einem treuen pietistischen Parteigänger Franckes und mit diesem in regem Briefwechsel stehend, in seinem 1720 publizierten Buch zum Salomonischen Tempel: Die Seele, die nach dem Sündenfall nur noch als ein Schatten ihres einstmals göttlichen Wesens übriggeblieben sei,[21] empfinde die Harmonie in der Musik und die Proportion in der Baukunst als anmutig, weil in ihnen ein Nachhall der luziden göttlichen Ordnung erfahren werden könne.[22] Dem liegt die gängige Vorstellung zugrunde, daß diese Ordnung, einst offensichtlich, nunmehr dem Menschen verborgen sei – auch dies eine Folge des Sündenfalls.

In Franckes Bild zu bleiben: ein Fußabdruck des unmittelbaren Wirkens und der Wirklichkeit Gottes. Wenn also irgend in der Architektur ein Widerschein des Göttlichen und seiner Schönheit aufzufinden ist, dann nirgendwo anders als in der Proportion.

Mag die Parallelisierung von musikalischer Harmonie und architektonischer Proportion auch ihre Inkonsequenzen und Schwächen haben – rhetorisch erweist sie sich als ausgesprochen belastbar. Hier

21 Zwei Motive Platos werden hier von Sturm verschmolzen, beide aus der Politeia: die Konzeption der Seele im vierten und das Höhlengleichnis im siebten Buch.

22 Sturm 1720.

ist nun endlich der Begriff in den Fokus gerückt, um den alles bisher Gesagte zu kreisen scheint und mit dessen Hilfe es gelingt, die verstreuten Beobachtungen in eine Konsistenz zu überführen: Rhetorik. Ihre zentrale Bedeutung für das Zeitalter des Barock herauszustellen, ist hier weder Ort noch Raum. Hier sei auf Gerhart Schröder verwiesen – seine grundlegende Untersuchung zur Ästhetik der Frühen Neuzeit, »Logos und List«, die die Ästhetik aus der Rhetorik ableitet und für das 17. Jahrhundert die Entwicklung einer ›Ästhetik der Angemessenheit‹ herausstellt, die sich, in Abwendung von Castiglione und von Tesauros *concettismo*, eng am Adressaten orientiert und stets in den argumentatorischen Verfahrensweisen die Verhältnismäßigkeit der Argumentation zum Gegenstand des Arguments als Grundlegendes herausstellt.[23] Méré (eigentl. Antoine Gombaud, 1607-1684) und Jean-Louis Guez de Balzac (1597-1654) sind die Gewährsmänner, die solches als Strategie der höfischen Konversation festlegen, wo, so könne man sagen, für den behandelten Gegenstand und für die Technik der Argumentation ein gemeinsamer rhetorisch-ästhetischer Rahmen aufgespannt wird oder wo sich Argumentation und Gegenstand im Hinblick auf ihre Ästhetik entsprechen sollen.

Mag auch deren Publikum ein gänzlich anderes sein als dasjenige Franckes, so fügt sich doch die Technik seiner Argumentation aufs beste in solchen höfischen Handschuh. Und genau diese in der Epoche fest verankerte Dominanz und Omnipräsenz der Rhetorik gestattet es, seine Aussagen zur Architektur des Waisenhauses und dessen Ästhetik unter einen Hut zu bringen. So dürfte auch Franckes Rhetorik der Bescheidenheit, ja Armseligkeit, derer er sich stets bedient, wenn es um sein Waisenhaus geht, nicht nur vor dem Hintergrund einer exhibitionierten – und gleichzeitig auf den Klingelbeutel schielenden – pietistischen Ärmlichkeit aufzufassen sein, sondern genauso der Ausdruck solch rhetorisch-ästhetischer Angemessenheit: Anders als im Hinblick auf seine Bescheidenheit zu argumentieren, entsprä-

23 Schröder 1985, 151-188.

che schlechterdings nicht der wesenhaften Bescheidenheit des Gegenstands der Argumentation. Diese Übereinstimmung ist ihrem Wesen nach grundsätzlich ästhetisch, und wenn Franckes Rhetorik sich an ihr orientiert, wenn er vom Bau des Waisenhauses handelt, bewegt er sich durchaus im Rahmen des in der Zeit Geübten. So wird auch ein direktes Benennen bestimmter Sachverhalte, wie etwa das Darlegen von Bezügen zum Salomonischen Tempel oder gar ein ästhetischer Exkurs ins Reich der Proportionen, in seinen Schriften wohl kaum aus Unaufrichtigkeit vermieden, sondern es ließe sich einfach nicht mit dem Gebot der Angemessenheit vereinbaren – es wäre fehl am Platz, sowohl im Hinblick auf die Öffentlichkeit, an die sich der Autor wendet, als auch in seinem Verhältnis zum behandelten Gegenstand.

Hier darf nicht vergessen werden, daß Francke als evangelischer Geistlicher ein ausgewiesener Fachmann in allen Fragen und Techniken der Rhetorik gewesen sein muß. Wie groß seine Anteilnahme an Fragen der Baukunst war, läßt sich nur schwer einschätzen – seinen Aussagen jedoch, er habe sich um die Gestaltung des Gebäudes überhaupt nicht gekümmert,[24] ist wohl nicht ganz zu trauen. Indes nimmt er sein Vorhaben offensichtlich nicht von der Seite der Architektur her in Angriff – er betreibt seine Sache nicht mit der Strategie eines Architekten, auch nicht der eines Dilettanten, sondern vom Boden einer anderen theoretischen Grundlage aus, nämlich eben der ihm vertrauten, verinnerlichten Rhetorik.

Dies verschafft dem Waisenhaus tatsächlich so etwas wie eine singuläre Stellung in der Baukunst: ein Werk, das in seinen wesentlichen Zügen von einem Rhetoriker bestimmt ist – nicht also von einem Architekten, der sich von einer architekturimmanenten Rhetorik leiten ließe, sondern als etwas, dessen sich die Rhetorik in einem viel strengeren Sinn gewissermaßen von außen her bemächtigte. So verstanden, sind die Proportionsspiele der Schaufassade nicht Technik,

[24] Francke 1709, 158.

sondern Konzept – *concetto* eben, was auch Witz und Spiel im Sinne eines *serio ludere* nicht ausschließt.[25]

Solches Spiel besteht nicht zuletzt im Chiffrieren, Verbergen und Verschweigen – und in der Aufforderung, das Chiffrierte, Verborgene und Verschwiegene aufzulösen, zu entschlüsseln und zu erkennen.[26] Mag solches auch für den pietistischen Kontext nur sehr eingeschränkt gelten, mag dem Spiel die Grundlage des Raffinierten und auch Lustvollen abgehen, an der sich eine höfische Gesellschaft delektierte, mag es also einer anderen Zielrichtung folgen und mit anderer Absicht ins Werk gesetzt sein, so verläßt es doch nicht das Feld der rhetorisierten Ästhetik oder ästhetisierten Rhetorik, die die Epoche des Barock definiert.

Franckes Waisenhaus bildet nicht den Salomonischen Tempel ab. Solches wäre eine weit größere Anmaßung als eine Dekoration mit all dem »Getipsel«, wie er es nennt, das das Arsenal des architektonischen Dekors bereithält. Seine architektonischen Ambitionen sind weniger offensichtlich, doch keineswegs weniger anspruchsvoll, ganz im Gegenteil. So ausschließlich, wie es die Auffassung der Zeit gerade noch zuläßt – auch hier verläßt er den Bereich des *decorum*, also des Schicklichen und Angemessenen nicht –, reduziert und konzentriert sich die Gestaltung auf so etwas wie einen überhöhten Kern: die Allusion des Salomonischen Tempels in der Beschwörung seiner proportionalen Verhältnisse und die in ihrer Konsequenz kaum zu übertreffende Annäherung an die *divina proportione* – letztere jedoch vielleicht weniger als wirkungsästhetisches Konzept aufzufassen denn als gerade in seiner Abstraktheit bedeutungsvolles Zahlenspiel.

25 Zur theologischen Legitimation des Spiels Prov 8, 29-31: »Da er den grund der Erden legt / da war ich der Werckmeister bey jm / vnd hatte meine lust teglich / vnd spielet fur jm allezeit. Vnd spielet auff seinem Erdboden / Vnd meine lust ist bey den Menschenkindern.«

26 Zur Konzeption des Spiels als Technik des Verschleierns bei Ficino vgl. Föcking 2002, 11.

Beides ist nicht auf den ersten Blick ersichtlich – es ist indes wohl weniger verborgen, als daß es verschwiegen wird. Hier nun ist die Frage nach der verschwiegenen *venustas* zu stellen.

Zur Erinnerung: Francke argumentiert freigebig mit all demjenigen, was die beiden vitruvianischen Kategorien *utilitas* und *firmitas* betrifft. Mehr vielleicht noch rückt er einen anderen Begriff Vitruvs ins Zentrum, *distributio* oder *oikonomia*, den dieser im Zusammenhang seiner Diskussion der *venustas* verwendet, in der Bedeutung einer angemessenen Verteilung – was sich sowohl im Sinne einer ästhetischen wie eben auch einer ›ökonomischen‹ Ökonomie (wenn man so etwas sagen kann) auffassen läßt.

Oikonomia ist nicht der einzige Begriff aus Vitruvs Bestimmung der *venustas*, auf den Franckes Auslassungen zur Architektur des Waisenhauses zielen – ohne daß freilich weder der Begriff selbst noch die Quelle explizit benannt würden. Liest man seine kurze Aussage zur Ästhetik des Waisenhauses aufmerksam,[27] so wird man bemerken, daß er als Grund für das »feine Aussehen«, das der Bau trotz des Verzichts auf alle Bautenzier aufweise, zwei weitere Begriffe aus Vitruvs Abhandlung der *venustas* anführt, nämlich ›Ordnung‹ und ›Symmetrie‹ – *ordinatio* und *symmetria* in genau dem Sinn, wie sie bei Vitruv angewendet sind, als rechte Anordnung und systematischen Maßbezug der einzelnen Glieder.

Dieses kurze Aufblitzen von humanistischem Witz, gepaart mit der ganz klaren programmatischen Formulierung des ästhetischen Konzepts seiner architektonischen Unternehmung, kommt uns einigermaßen überraschend, haben wir doch noch seine Behauptung im Ohr, um all dieses habe er sich nicht die Bohne gekümmert. Und mit bewundernder Amüsiertheit läßt sich hier eine ausgesprochen elegante rhetorische Finte Franckes zur Kenntnis nehmen: Mit einem einzigen Satz gelingt es ihm, zwei ganz unterschiedliche, ja konträr ausgerichtete Öffentlichkeiten zu erreichen und beiden die jeweilige

27 Francke 1709, 158.

ihnen vertraute und geläufige Argumentation auf ein und demselben Tablett zu servieren: zum einen seine pietistische Klientel, die wohl, käme er ihr mit Baukunst, Vitruv und Ästhetik, mit Nachdruck ihre Spendengelder zurückzufordern nicht zögern würde und der gegenüber er seine ausgeklügelten ästhetischen Unternehmungen erfolgreich als gänzlich von der Ökonomie bestimmt verschleiern und bemänteln kann, zum anderen aber ein gebildetes, mit der Architektur wohlvertrautes Publikum, das seinen Vitruv kennt und die Passage mit vergnügtem Augenzwinkern als einen kleinen gelehrten Exkurs und Hinweis auf die beachtliche rhetorisch-theoretische Dichte zu nehmen in der Lage ist – als einen Hinweis darauf, daß hier das Ungesagte, ja in geradezu auffälliger Weise Verschwiegene in ebendieser Verschwiegenheit präsent ist, und eine Anleitung dazu, welchen Pfad die Erkenntnis all dessen einzuschlagen habe. Nicht nur wird also die *venustas* in den Mittelpunkt gerückt – sie wird auch gleichzeitig im Verweis auf Vitruv definiert und im Hinblick auf ihren christlichen Gehalt hin präzisiert – gesäubert, sozusagen, und sublimiert, auf ihren Kern reduziert und so überhöht.

Das Außergewöhnliche der Architektur von Franckes Waisenhausprojekt – genauer: der Signifikanz der Schaufassade – liegt also allenfalls vordergründig in einer plakativen Opposition zu barocker Üppigkeit. Durchaus ähnliches bringt ein Seitenblick auf Franckes Haartracht zutage: So sehr sich sein glatt herabfallendes schulterlanges Haar von den üppigen Faltungen und Kräuselungen der Allongeperücken zu distanzieren scheint, bleibt seine Frisur doch, nicht zuletzt in ebendieser Distanzierung, deren rhetorischem Grundmuster verhaftet und ist wohl nur vor diesem Hintergrund richtig einzuschätzen.

Die Architektur betreibt genau dasselbe Spiel – was insofern nicht allzusehr zu überraschen vermag, als die Haltung des Barock insgesamt wohl weniger vom üppigen Wuchern selbst als von einer rhetorisch-kritischen Haltung genau solchem Wuchern gegenüber bestimmt ist. Tatsächlich ist die Nüchternheit nicht nur eine der

Ádám Mányoki, Johann Bernhard Fischer von Erlach, 1723
Antoine Pesne, August Hermann Francke, 1725

Möglichkeiten der barocken Erscheinung, sondern sie zeigt sich hinter dem irrlichternden Schein der Oberflächen als ein Grundpfeiler des barocken Denkens nicht zuletzt in der exakten Kalkulation, die, sowohl, was die Absicht als auch, was die Wahl der Mittel und die Festlegung der Form betrifft, die barocken Äußerungen durchdringt.

Eißing, Thomas, »Aspekte zur Bauforschung, zum Planentwurf, zur Bautechnologie und Baumaterialität der Frankeschen Stiftungen«, in: Franckesche Stiftungen 2015, 153-159.

Fischer von Erlach, Johann Bernhard, *Entwurff Einer Historischen Architectur: in Abbildung unterschiedener berühmten Gebäude des Alterthums und fremder Völcker; umb aus den Geschicht-büchern, Gedächtnüß-münzen, Ruinen, und eingeholten wahrhafften Abrißen, vor Augen zu stellen*, Leipzig, 1725.

Föcking, Marc, »Serio ludere. Epistemologie, Spiel und Dialog in Nicolaus Cusanus' De ludo globi«, in: *Performanz und Inszenierung in der Renaissance*, in: Hempfer 2002, 1-18.

Francke, August Hermann, *Segens-volle Fußstapfen des noch lebenden und waltenden liebreichen und getreuen GOttes/Zur Beschämung des Unglaubens und Stärckung des Glaubens entdecket durch eine wahrhafte und umständliche Nachricht von dem Wäysen-Hause und übrigen Anstalten zu Glaucha vor Halle: Welche im Jahr 1701. zum Druck befördert; ietzo aber zum dritten mal ediret/und bis auf gegenwärtiges Jahr fortgesetzet von August Herm. Francken/S. Theol. Prof. und Past. Halle/in Verlegung des Wäysen-hauses*, Halle 1709.

Kepler, Johannes, *Ioannis Keppleri Harmonices mvndi libri v.: Primus Geometricvs, De Figurarum Regularium, quæ Proportiones Harmonicas constituunt, ortu & demonstrationibus. Secundus Architectonicvs, seu ex Geometria Figvrata, De Figurarum Regularium Congruentia in plano vel solido: Tertius propriè Harmonicvs, De Proportionum Harmonicarum ortu ex Figuris; deque Naturâ et Differentiis rerum ad cantum pertinentium, contra Veteres: Quartus Metaphysicvs, Pychologicvs & Astrologicvs, De Harmoniarum mentali Essentiâ eararumque generibus in Mundo; præfertim de Harmonia radiorum, ex corporibus cœlestibus in Terram descendentibus, eiusque effectu in Natura seu Anima sublunari & Humana: Quintus Astronomicvs & Metaphysicvs, De Harmoniis absolutissimis motuum cœlestium, ortuque Eccentricitatum ex proportionibus Harmonicis. Appendix habet comparationem huius Operis cum Harmonices Cl. Ptolemæi libro III.cumque Roberti de Fluctibus, dicti Flud. Medici Oxoniensis speculationibus Harmonicis, operi de Macrocosmo et Microcosmo insertis*, Frankfurt 1619.

Kruft, Hanno-Walter, *Geschichte der Architekturtheorie*, [3]München 1991.

Franckesche Stiftungen zu Halle (Hrsg.), *tief verwurzelt – hoch hinaus. Die Franckeschen Stiftungen auf dem Weg zum UNESCO-Welterbe* (Ausstellungskatalog), Halle 2015.

Heiser, Sabine, »Zur Zeichenhaftigkeit und zum Modellcharakter der Franckeschen Stiftungen«, in: Franckesche Stiftungen 2015, 161-164.

Hempfer, Klaus W., und Helmut Pfeiffer (Hrsg.), *Performanz und Inszenierung in der Renaissance*, Stuttgart 2002.

Korey, Michael, »Der Tempel Salomonis im Dresdener Zwinger. Facetten und Spiegelungen eines barocken Architekturmodells«, in: *Dresdener Kunstblätter* 4, 2009, 248–259.

— und Thomas Kertelsen (Hrsg.), *Fragmente der Erinnerung. Der Tempel Salomonis im Dresdner Zwinger*, Dresden, München 2010.

Pacioli, Luca, *De divina proportione*, Venedig 1509.

Schröder, Gerhart, *Logos und List. Zur Entwicklung der Ästhetik in der frühen Neuzeit*, Königstein/Ts. 1985.

[Semler, Christoph], *Der Tempel Salomonis: Nach allen seinen Vorhöfen / Mauren / Thoren / Hallen / Heiligen Gefässen / Brand-Opfer-Altar / ehernen Meer / güldenen Leuchtern, Schau-Brodt-Tischen, Räucher-Altar, Lade des Bundes, Cherubinen, und Stifts-Hütte Mosis mit ihrem Zubehör, nebst allen und jeden in folgender Beschreibung und beygefügten Kupferstücken enthaltenen Theilen desselben / in einem eigentlichen Modell und materiellen Fürstellung / in dem Wäysen-Hause zu Glaucha an Hall / zu Erläuterung sehr vieler Oerter der Heiligen Schrift Anno MDCCXVII. aufgerichtet*, Halle 1718.

Sturm, Leonhard Christoph, *Die unentbährliche Regel Der Symmetrie Oder: Des Ebenmaasses, Wie sie zuförderst an dem herrlichsten Exempel des Göttlichen Tempels von Salomone erbauet, wahrzunehmen*, Augsburg 1720.

Tiller, Elisabeth, »Perochè dal corpo umano ogni mesura con sue denominazioni deriva. Luca Paciolis De divina proportione (1509) und die mathematische Aneignung des Körpers«, in: *kunsttexte.de*, Nr. 3, 2011, 5.

Zaunstöck, Holger, Thomas Müller-Bahlke, Claus Veltmann (Hrsg.), *Die Welt verändern. August Hermann Francke. Ein Lebenswerk um 1700*, Halle 2013.

Villalpando, Juan Bautista, und Jerónimo del Prado, *In Ezechielem explanationes et apparatus urbis, ac templi Hierosolymitani commentariis et imaginibus illustratus. Opus tribus tomis distinctum*, 3 Bde., Rom 1596–1604.

Whitmer, Kelly J., »Unmittelbare Erkenntnis. Das Modell des Salomonischen Tempels im Waisenhaus zu Halle als Anschauungsobjekt der frühen Aufklärung«, in: *Bildwelten des Wissens*, Bd. 7, Heft 1, Berlin 2009, 92–104.

Aldo Andreani
1887-1971

ARCHITEKTUR ALS ZEITREISE
Der Kritische Eklektizismus der Handelskammer in Mantua

Zusammen mit Friedrich Barth

SPÄTESTENS SEIT Prousts Beschreibung der Kirche von Combray im 1913 erschienenen ersten Band der »Recherche« können wir uns den Raum der Architektur als einen vierdimensionalen denken, seine drei überkommenen Dimensionen erweitert um eine vierte, die der Zeit. Proust hat jedoch nicht in erster Linie die Architektur im Sinn – er läßt ein vieldimensionales Bild entstehen, das der Erzählende aus seiner Kindheit her im Gedächtnis hat und in dem sich individuelle und kollektive Erinnerung verweben. Die Kirche der Kindheit mit ihren Gräbern, Tapisserien und Glasfenstern, ihren Spuren von Zeit und Verfall, ihren Schichten und Überlagerungen fächert das Erinnern auf und verwebt seine Fäden gleichzeitig zu einem komplexen Bild aus individueller und kollektiver Erinnerung, das auch ferne und fernste Vergangenheit beschwört, über das Mittelalter hinaus pagane Tradition: Er geht zum Platz der Familie in der Kirche »wie durch ein von Feen bewohntes Tal, in dem der Landmann mit Staunen an einem Felsen, einem Baum, einem Teich die noch greifbare Spur ihres geisterhaften gelegentlichen Erscheinens erkennt«.[1] Die Kirche ist für Proust ein Bauwerk, »das sozusagen einen vierdimensionalen Raum einnahm – die vierte Dimension war die der Zeit – und das mit seinem durch die Jahrhunderte gleitenden Schiff von einer Empore, einer Kapelle zur anderen nicht nur einige Meter zu durchmessen und zu überwinden schien, sondern aufein-

[1] Proust 1961, 95.

anderfolgende Epochen, aus denen es siegreich hervorgegangen war«.[2] Die Architekturbeschreibung des Romans erweist sich als ein Konglomerat aus den verschiedenen Techniken des Erinnerns, eine Collage der Erinnerungen: Die individuelle gibt den Blick frei auf die Geschichte und darüberhinaus auf den Mythos.

Ermöglicht wird diese Erweiterung des zuvor nur dreidimensional gedachten Raums um die eindimensionale Zeit zu einem vierdimensionalen Kontinuum durch den wenige Jahre zuvor, 1905, veröffentlichten und auch in den Salons heftig diskutierten Aufsatz »Zur Elektrodynamik bewegter Körper«, in dem von Einstein zum ersten Mal die spezielle Relativitätstheorie formuliert worden war, nach der die Zeit nicht mehr als eine eigenständige Dimension aufgefaßt werden kann, unabhängig von denen des Raumes. Immerhin scheint ein solcher Gedanke zur Zeit der Abfassung von »Du côté de chez Swann« Proust noch so wenig vertraut, daß er die ein wenig unbeholfene Erklärung einzuschieben sich veranlaßt sieht, es handle sich bei der vierten Dimension des Raumes um die der Zeit. Freilich hat Prousts so hübsche wie auch anschauliche Metapher vom Raum des Schiffs, das durch das Meer der Zeit fährt, nur mittelbar mit der modernen Physik zu tun. Tatsächlich ist er viel näher an einem altvertrauten Bild, nämlich der in der griechischen Antike entwickelten Mnemonik, der Gedächtniskunst. Ist schon deren Ursprung an eine Verbindung von Architektur und Erinnerung geknüpft, an den Einsturz eines Festsaals, bei dem Simonides von Keos die entstellten Toten identifizieren konnte, weil er ihre Verteilung im Gebäude im Gedächtnis hatte, so

[2] Die Passage sei hier im Original wiedergegeben: [...] *je m'avançais dans l'église* [...] *comme dans une vallée visitée des fées, où le paysan s'émerveille de voir dans un rocher, dans un arbre, dans une mare, la trace palpable de leur passage surnaturel, tout cela faisait d'elle pour moi quelque chose d'entièrement différent du reste de la ville: un édifice occupant, si l'on peut dire, un espace à quatre dimensions — la quatrième étant celle du Temps, — déployant à travers les siècles son vaisseau qui, de travée en travée, de chapelle en chapelle, semblait vaincre et franchir non pas seulement quelques mètres, mais des époques successives d'où il sortait victorieux* [...]. Proust 1954, I, 61.

festigt sich in der Folge die Bindung der Erinnerung an die Architektur und nimmt einige denkwürdige Wendungen. War sie zunächst ein rhetorisches Hilfsmittel, das es dem Redner erlaubte, die einzelnen Teile einer Rede verläßlich im Gedächtnis zu behalten – er dachte sich hierzu den Gang durch ein Gebäude aus, im Laufe dessen er das zu Erinnernde in Form von Bildern dort an bestimmten *loci* deponierte; ein erneuter imaginärer Gang durch diese Architektur ließ ihn dann alle Teile vollzählig und in der richtigen Reihenfolge wiederfinden –, so wird sie, spätestens als die Scholastik sich ihrer bemächtigt, dadurch erweitert, daß die Gedächtnisbilder zu Gleichnissen, die *loci* aber zu mystischen Orten der Introspektion werden und das Ganze zu einem Instrument der theologischen Wahrheitsfindung.[3]

Ob Proust, laut eigenem Bekunden sehr von dem Buch »L'Art religieux du XIII. siècle en France« des Kunsthistorikers Émile Mâle beeindruckt, nach dem die gotische Kathedrale als eine steingewordene *summa* der scholastischen Theologie zu lesen sei, sich tatsächlich mit seiner Schilderung der Kirche von Combray auf die Scholastik und deren Konzeption der Mnemonik bezieht – was nicht zuletzt im Kurzschluß mit den bahnbrechenden neuesten Erkenntnissen der Physik eine bemerkenswerte Konjunktion beinhalten würde –, sei dahingestellt. Hier ist lediglich von Interesse, daß er diese äußerste Verdichtung des komplexen Erinnerns genau nach dem Modell der aus der Antike überkommenen und bis weit in die Neuzeit hinein bedeutsamen Verbindung von Erinnerung, Architektur und Bildwerk gestaltet, freilich nicht als ein Imaginiertes wie bei den alten Rhetorikern oder ein Konstruiertes wie etwa bei dem berühmten *teatro della memoria* des Giulio Camillo (~1480-1544), den Umberto Eco als »den hemmungslosesten aller Mnemotechniker«[4] bezeichnet, sondern als

3 Eine ausführliche Darstellung der Mnemonik und ihren Wendungen und Verästelungen findet sich bei Frances A. Yates (Yates 1997).

4 Eco 1992, 96.

Ansicht von Westen

ein Authentisches, Vorgefundenes, Gefundenes, dessen Elemente die Dinge an sich sind als der authentische Stoff der Erinnerung – allerdings nur, wenn man unterschlägt, daß Proust die Kirche in Combray ja eigens zum Zweck der Darlegung seines Konzepts der Memoria erfunden hat.

Das Haus der Handelskammer in Mantua (1911-14) ist fraglos eine der bemerkenswertesten Schöpfungen der italienischen Architektur des beginnenden Novecento. In der Hemmungslosigkeit seines entfesselten Eklektizismus muß es demjenigen eine arge Zumutung sein, der sich auf dem doktrinären Sofa der Moderne so recht bequem eingerichtet hat, angetan mit einem Bauhausschlafmützchen, in dessen kühner Zipfellosigkeit der Heroismus des Trägers sein adäquates Bild findet. Es hat nun aber der heroische Akt des Bruches mit der Geschichte, der unter der Flagge eines moralischen Anspruchs an die Architektur dahergesegelt kam, längst einer trägen Geschichtsvergessenheit Platz gemacht, was sich nicht zuletzt daran zeigt, daß die Baugeschichte an den Architekturfakultäten bestenfalls noch ein marginales Dasein fristet – alles, was sich vor der Gründung des Bauhauses vor einem Jahrhundert ereignete, scheint schlichtweg nicht mehr als ›relevant‹ zu gelten, und es kann derjenige, dem Namen und Werk etwa eines Mies, Aalto oder Corbusier nicht gänzlich unvertraut sind, sich als durchaus historisch informiert, ja gebildet fühlen. Dabei hat gerade letzterer (nicht ohne das ihm eigene Pathos) von sich behauptet, er habe nur einen einzigen Lehrmeister gekannt, nämlich eben die Geschichte – was sicherlich in noch weit größerem Maß für einen anderen der Heroen gilt, Louis Kahn. Nun ist die Geschichte eine retrospektive Angelegenheit, eine ordnende Rückschau, die, vielleicht notwendigerweise, all dasjenige als fruchtlose Sackgasse abtut, das sich nicht in die Konstruktion einer gradlinigen Entwicklung vereinnahmen lassen will.

Walter Gropius und Adolf Meyer, Fagus-Werk, Alfeld, 1911/12

Hier betritt nun Aldo Andreani (1887-1971)[5] die Bühne, der Architekt des Palazzo della Camera di Commercio in Mantua, der sich zweifellos als ein Protagonist des Modernen verstand – als *una cosa moderna nell'insieme, modernissima di sagoma*, eine im Ganzen moderne Sache, von modernster Form beschreibt er sein Projekt, weist jedoch gleichzeitig auf ein Skelett von antiker Linienführung, *un'ossatura di linea antica*.[6] Die Anwendung des Wortes ›modern‹ auf ein Gebäude von so unzweifelbar eklektizistischem Anstrich mag uns irritieren, doch darf nicht vergessen werden, daß um 1911, als Andreani dies formulierte, der Begriff noch längst nicht als Bezeichnung für einen Stil etabliert war und daß der Kanon dessen, was in der Folgezeit als ›die Moderne‹ verstanden werden sollte, mit Gropius' und Meyers Fagus-Werk gerade erste Wurzeln zu schlagen begann – einem Bau übrigens, der, wie Jan Pieper aufzeigt,[7] bei allem ins Auge stechenden Avantgardismus der Erscheinung sich kaum weniger auf historische Architektur bezieht, als dies bei Andreanis Projekt der Fall ist, auch wenn die Ergebnisse auf diametral entgegengesetzte Positionen schließen zu lassen scheinen.

Die Gegenüberstellung der beiden Gebäude ist wohl auch insofern von Interesse, als sie beide gleichzeitig entstanden, zu einem Zeitpunkt, als noch keineswegs abzusehen war, welche Richtung die Entwicklung der Architektur nehmen würde. Für das 19. und das beginnende 20. Jahrhundert ist es somit unsinnig, sich auf einen Gegensatz von Eklektizismus und Moderne zu berufen – ›die Moderne‹ galt es erst zu erfinden, und was sich ins Feld führen läßt, ist ›das Moderne‹, als dessen angemessene und folgerichtige Formulierung eben gerade der Eklektizismus galt. Nach Karl Gutzkow, der die Sache vom Begriff der Mode aus in Angriff nimmt, verwirft das Moderne das Alte nicht, »sondern modelt es nach eigenem Geschmack oder treibt es

5 Zu Leben und Werk Andreanis vgl. Andreani 1937, Signorini 2005, Dulio 2015.

6 Zitiert nach Belluzzi 1988, 17.

7 Pieper 2009.

Ansicht von Nordwesten

ins Extrem, wo es komisch wird, oder raffinirt sonst daran auf irgend eine Weise.«[8] — »So wäre denn«, fährt er fort, »das Moderne recht eigentlich das Objektive im schwebenden Moment, die Tatsache der Zeit, an und für sich ohne Streit und Gegensatz, ohne Beziehung betrachtet.«[9] Der Eklektizismus, der sich daraus für die Philosophie wie für die Baukunst ergebe, sei nicht Wiederholung alter Substanz, sondern Zinsertrag der alten Wahrheiten. Er zöge somit, ließe sich der Gedanke weiterspinnen, so etwas wie eine Summe der Geschichte, oder er könnte dies tun, sofern er einem kritischen Bewußtsein entspränge und die Fettnäpfchen der Beliebigkeit vermiede. Ein ›kritischer Eklektizismus‹, als dessen Exponenten man Andreani mit seiner Handelskammer durchaus ansehen kann, betriebe somit bereits nichts anderes als das, was die Moderne für sich in Anspruch nehmen sollte, nämlich die Überwindung des ›Stils‹.

Doch der Reihe nach. Als die Camera di Commercio im Oktober 1914 fertiggestellt wurde, ein Jahr nach Erscheinen des ersten Bandes der »Recherche«, war Andreani 27 Jahre alt und Student am Mailänder Polytechnikum; 1917 erhielt er dort sein Diplom.[10] Seinem Vater Carlo, *ingegnere* und Leiter des städtischen Bauamts in Mantua, ist es wohl zu verdanken, daß er, ungeachtet seiner Jugend, mit einem derart anspruchsvollen Projekt betraut wurde – die Einreichpläne tragen die Unterschrift des Vaters.

In Mailand war er stark von Camillo Boito beeinflußt, einem der Protagonisten in den teils heftig geführten Auseinandersetzungen um die Herausbildung einer nationalen italienischen Architektur. Die

8 Gutzkow 1846, 142. — Gutzkow hatte den Text bereits einige Jahre früher publiziert, als ein »Das Moderne« betiteltes Kapitel seines Buches »Die Zeitgenossen. Ihre Schicksale, ihre Tendenzen, ihre großen Charaktere«, Stuttgart 1837, das jedoch, des Publikationsverbots des Autors wegen, als aus dem Englischen übertragenes Werk von Bulwer Lytton ausgegeben wurde. In den späteren Ausgaben konnte er dann auf diese Maskerade verzichten.

9 ebd., 150.

10 Für die biographischen Angaben vgl. Previdi 2005.

Ansicht von Osten

Frage nach einer solchen war in der Folge des *risorgimento* aufgekommen, der 1861 erfolgten Einigung Italiens, und sie war in der ersten Dekade des 20. Jahrhunderts noch keineswegs entschieden.[11] Boito wandte sich sowohl gegen die Forderung nach einem neuen Klassizismus als auch gegen die Bestrebungen zur Schaffung eines neuen Stils; nach seiner Ansicht konnte der Charakter der Nation nur aus der Geschichte kommen, und er hielt die mittelalterlichen Stile für die geeignetsten, zum einen aus pragmatischen Überlegungen, da sie sich nach seiner Überzeugung leichter an die neuen Anforderungen anpassen ließen, zum anderen aus theoretischen, ihrer Synthese aus symbolischer Bedeutung und konstruktiven Aspekten halber – doch dürfte auch seine grundsätzliche Neigung zu den mittelalterlichen Bauformen eine Rolle gespielt haben. Eklektizistischen Bestrebungen stand er eher ablehnend gegenüber.

Boito spielte auch eine entscheidende Rolle bei den Auseinandersetzungen um den richtigen Weg bei der Restaurierung von Gebäuden; hier vertrat er eine ›historische‹ Auffassung, daß nämlich alle Bauphasen eines Bauwerks als Zeugnisse der Geschichte gleichwertig zu betrachten seien, was nichts anderes heißt, als daß ein Werk der Architektur nicht notwendigerweise an einem Punkt in der Geschichte zu verankern sei, sondern als das Produkt von deren Verlauf aufzufassen. Er kann somit mit Fug und Recht als Schöpfer der modernen Denkmalpflege gelten, und sein Gedankengut findet, wenn auch unter gänzlich anderen Vorzeichen, einen Widerhall in der eigentümlichen eklektizitischen Konzeption der Handelskammer – wobei sich, was die Formensprache betrifft, indes deutliche Einflüsse von Boitos ehemaligem Schüler und späterem entschiedenem Opponenten zeigen, Giuseppe Sommaruga, einem der Hauptvertreter der italienischen Spielart des Jugendstils.[12]

[11] Vgl. Tragbar 2013.

[12] Als gewissermaßen in der Wolle gefärbter Eklektiker besitzt Andreani einen überreichen Fundus, aus dem er sich bedienen kann, und so mutet auch die Anzahl der

Der Palazzo della Camera di Commercio, Andreanis prominentes Früh- und in vielfachem Sinn auch Hauptwerk, ist zweifelsohne nicht frei von jugendlichem Ungestüm, ein Gebilde, das zuallererst durch seine Outriertheiten ins Auge sticht – extreme plastische Durcharbeitung, überbordender Detailreichtum, fast gewaltsame Unverfrorenheit der Kombination heterogenster Formen und Gestaltungsprinzipien.

Das Gebäude besetzt zur Gänze einen Block in der unmittelbaren Nähe des Zentrums von Mantua, wenige Schritte nur von Albertis Sant' Andrea, vom Broletto, der Piazza Erbe und der Rotonda di San Lorenzo entfernt. Die Fläche war frei geworden durch die 1905 zum Zweck der Beseitigung der unhaltbaren hygienischen Verhältnisse erfolgten Niederlegung des mittelalterlichen Ghettos; zunächst war vorgesehen gewesen, dort Grünflächen anzulegen und Wohnungen zu bauen, doch verzichtete der Gemeinderat schließlich auf dieses Vorhaben und beschloß 1910 die Einrichtung eines modernen Finanz-, Gewerbe- und Handelszentrums.[13] Zu diesem Zweck wurde das Grundstück aufgeteilt, die Hälfte an die Banca d'Italia verkauft, für die der prominente Mailänder Architekt Gaetano Moretti, einer der Lehrer Andreanis, 1914 ein recht einfallsloses Gebäude in etwas unentschiedenem Klassizismus aufführte, ein gutes Viertel der Handelskammer zur Verfügung gestellt; der verbleibende Teil ging an den *consorzio di bonifica dell'agro mantovano-reggiano*, eine Institution zur Beförderung der Landwirtschaft.

Zu Beginn des Jahres 1911 arbeitete Andreani den ersten Entwurf aus. Er befand sich damals in Rom, wo er an der Rekonstruktion der

Vorbilder, die sich bei der Betrachtung seines Werkes ausmachen lassen, beinahe inflationär an. Seine Arbeiten bis zu Beginn der Zwanzigerjahre lassen indes auf einen starken Einfluß Gaudís schließen, etwa des Palau Güell, dessen Salon in der zentralen *lucerna* der Handelskammer seinen Widerhall findet und der ja selbst unter die herausragenden Exempel des Eklektizismus zu rechnen ist.

13 Zur Vorgeschichte der Handelskammer vgl. Previdi 2005.

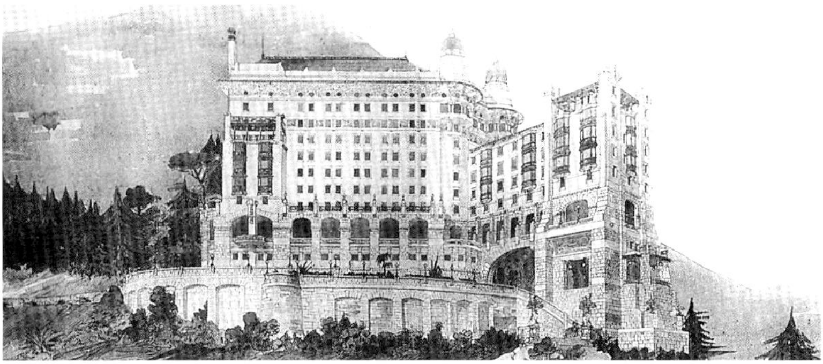

Giuseppe Sommaruga, Grand Hotel Campo dei Fiori in Varese, 1908-12

Gemächer der Isabella d'Este für den Pavillon der Lombardei auf der *Esposizione etnografica* beteiligt war. Das Programm für das mantovaner Projekt war zu diesem Zeitpunkt nicht endgültig festgelegt – noch war offen, ob im obersten Geschoß die Räume der Handelskammer untergebracht oder Wohnungen eingerichtet werden sollten, und Andreani arbeitete zwei alternative Grundrisse aus, bei identischer Gestaltung des Äußeren. Für das Erdgeschoß jedoch standen die Nutzungen und ihre Verteilung im Gebäude grundsätzlich fest: Der größte Teil ist einer offenen, an der Nordecke positionierten und somit in Richtung der Piazza Erbe orientierten Markthalle vorbehalten, die östliche Ecke für ein kleines Postamt bestimmt und in der westlichen ein Café untergebracht. Die übrigen Flächen sind einigermaßen beliebig mit unterschiedlichen und offensichtlich zunächst noch vorläufigen Funktionen gefüllt – ein definiertes Programm, das sich auf die Struktur des Gebäudes hätte auswirken können, läßt sich für diese Partien nicht erkennen.

Zusammengehalten wird das fast ein wenig desolate Konglomerat der unterschiedlichen Nutzungen zum einen durch die in vielfacher

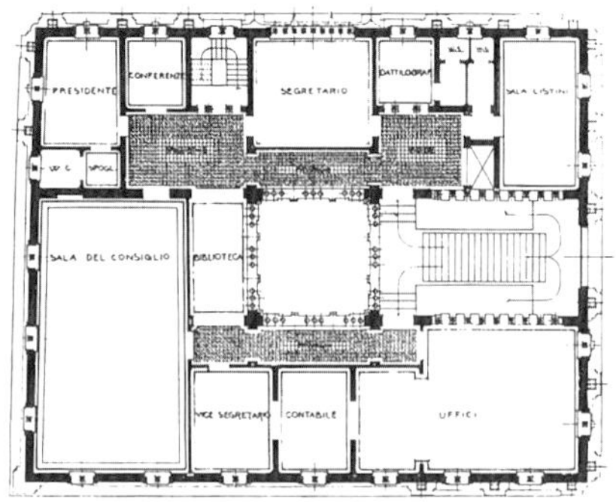

Obergeschoß

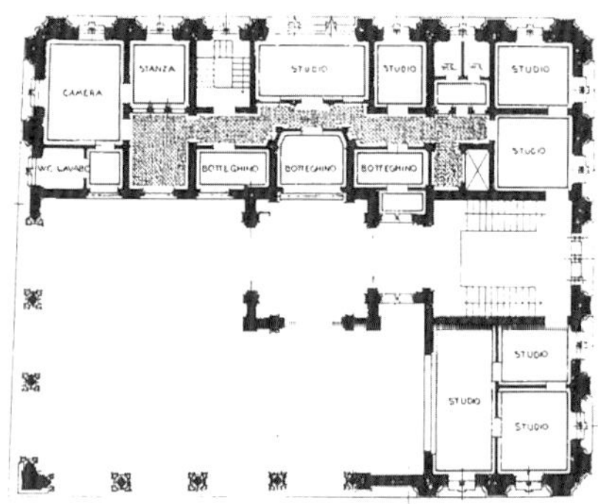

Mezzaningeschoß

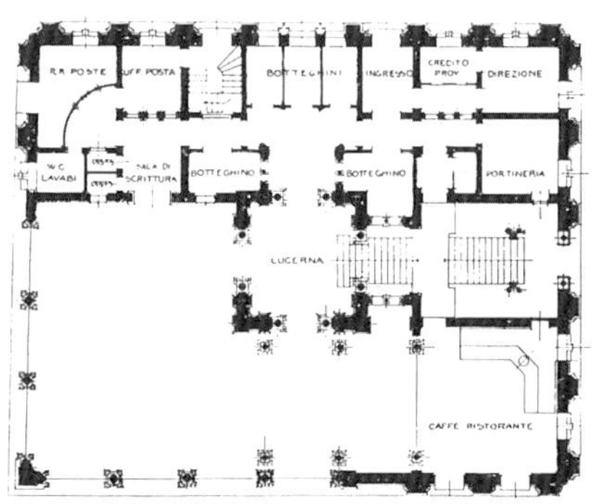

Erdgeschoß

Hinsicht rigide Gestaltung des Äußeren, zum anderen durch das nicht weniger rigorose Konzept der Erschließung. Beides scheint für Andreanis Konzeption das Rückgrat abgegeben zu haben; die Funktionen und ihre Verteilung machen, abgesehen von der Markthalle, den Eindruck, als seien sie recht stiefmütterlich behandelt, auch sind sie für Andreani austauschbar, ohne daß Erschließung und Äußeres dadurch beeinflußt würden. Für die typologischen Überlegungen besitzen sie keine Bedeutung, und es sind weder Postamt, noch Café, noch der ursprünglich vorgesehene Polizeiposten von außen irgend ausgezeichnet, ja sie sind nicht einmal auszumachen.

Dies mag verwundern bei einem Bauwerk, dessen Fassaden so außerordentlich differenziert und vielgestaltig ausgearbeitet sind – es macht den Eindruck, als habe der Architekt hier seinem Gestaltungswillen die absolute Priorität eingeräumt und ihm die anderen Belange bedingungslos untergeordnet. Freilich mag ein solches Urteil vorschnell sein – Andreanis Bau wird man kaum gerecht werden, wenn man in ihm all die einzelnen Funktionen des vielfältigen Programms ausgedrückt sehen will. Viel eher sind es nur zwei unterschiedliche Funktionszusammenhänge, die sich abbilden, die Markthalle nämlich und ein als konsistent aufgefaßtes Konglomerat aus all den übrigen Aktivitäten, die das Gebäude außerdem beherbergt.

Andreani schreibt, daß ihm, als er zum erstenmal von dem Projekt hörte, gleich das Bild eines Gebäudes vor Augen gestanden habe, *porticato grandioso, ampio di linee, limitato nei due lati da alte arcate svelte e severe, e stretto sugli altri due da una costruzione massiccia a piloni*,[14] mit einem großartigen Portikus versehen und an zwei Seiten von hohen, schlanken und strengen Arkaden begrenzt, auf den andren beiden geschlossen von einer massiven Pfeilerkonstruktion.

Diesen Gundgedanken setzt er ohne übermäßige Skrupel im Umgang mit den funktionalen Anforderungen konsequent um; freilich ist die beschriebene Konstellation ja auch keineswegs ungeeignet für

[14] Zitiert nach Belluzzi 1988, 16.

Nordostfassade (Ausschnitt)

das, was er hier unterzubringen hat. Daß die beschriebene Aufteilung nicht so konsequent durchgeführt ist, als daß sie sich auf den Baukörper selbst ausgewirkt hätte, der nur in der Gestaltung der Fassaden, kaum aber mittels einer Verteilung der Massen differenziert ist, greift auf die seit dem ausgehenden Mittelalter entwickelte städtische Bauform des *palazzo* zurück, der, vor allem in der Ausprägung als *palazzo del mercato*, auf den Andreani sich in seiner Beschreibung des Projekts explizit bezieht, in den Block seines Baukörpers eine offene Loggia inkorporiert und der in seinen geschlossenen Räumen eine ähnliche Vielfalt unterschiedlichster Nutzungen beherbergt. Als Bezug auf einen norditalienischen Bautyp des 14. und 15. Jahrhunderts ist die Anlage des Palazzo della Camera di Commercio also aufzufassen, der die stets betonten modernen Anforderungen und Bedingungen fest im architektonischen Erbe verankern will.

Doch so strukturiert Andreanis Konzept auch formuliert sein mag – am Gebäude selbst läßt es sich nicht ablesen, weder am Äußeren noch von innen. Es ist tatsächlich so, als habe er es darauf angelegt, die klare Anlage zu verschleiern, indem er sie mit alternativen Ordnungsmodellen überlagert, ja überfrachtet, die gänzlich andere hierarchische Modelle anbieten. Je nachdem, von wo aus das Gebäude betrachtet wird und abhängig davon, auf welche Zusammenhänge das Augenmerk gerade gerichtet ist, drängt sich ein jeweils anderes Modell in den Vordergrund. So zeigen sich etwa die beiden geschlossenen Fassaden streng symmetrisch, dreiteilig mit deutlich ausgezeichnetem Mittelteil, die beiden anderen jedoch in betonter Asymmetrie. Erscheint bei diesen das Obergeschoß als einheitliches, dem Unterbau weitgehend unabhängig aufgesetztes, horizontal ausgerichtetes Bauteil, so sind bei jenen die gleichen Elemente organisch mit dem Unterbau verflochten, und es überwiegt der Eindruck einer horizontalen Reihung vertikaler Glieder. Die tendenzielle Autonomie der einzelnen Fassaden wird jedoch durch die Ausbildung der Ecken unterlaufen, wo die jeweils zusammentreffenden Fassadenteile stets ganz gleich gestaltet sind. In mancher Hinsicht macht dies einen beinahe

Südostfassade

unbeholfenen Eindruck – als sollte das jugendliche Ungestüm der divergierenden Tendenzen mittels allerhand dem akademischen Repertoire entnommener Kunstgriffe zu einem konsistenten Gebilde glattgebügelt werden. Doch findet sich Vergleichbares als Kompositionsprinzip am neben Albertis Sant Andrea wohl prominentesten und sicherlich wirkungsmächtigsten Bau Mantuas, dem Palazzo del Tè, errichtet zwischen 1525 und 1535 von Giulio Romano, *that rare Italian master*, wie ihn Shakespeare im »Wintermärchen« nennt.[15]

Giulio ist tatsächlich so etwas wie der Großmeister der zum Programm erhobenen Inkonsistenz, und weniges nur wird sich in der Geschichte der Architektur finden lassen, an dem dies so konsequent und lustvoll zur Schau gestellt ist wie an seinen mantovaner Bauten.[16] Andreanis Bezugnahme beschränkt sich nun keineswegs nur auf die generelle Disposition der Fassaden und ihre Beziehung zueinander, in der Art etwa, wie deren Relief bei Giulios Bau einheitlich über die Ecken gezogen wird, um sich dann als Teil unterschiedlicher Dispositionen zu erweisen, einmal nämlich eine breite Loggia flankierend, zum anderen aber geordnet durch das zentrierende dominante Element eines prominenten Portals.

Auch im organischen Zusammenschluß seines Erd- und Mezzaningeschosses und dessen Verhältnis zu den Arkaden der Loggia folgt er der entsprechenden Anlage bei der Gartenfassade des Palazzo del Tè, und es lassen sich neben weiteren Verwandtschaften bei der Disposition noch andere finden, so in der recht gewalttätigen plastischen Ausbildung der Wände, wo Andreani Giulios bildhauerisch aufgefaßte Gestaltung des Äußeren paraphrasiert, mit dem Unterschied allerdings, daß bei ihm die übertriebene, in Stuck nachempfundene und wie aus prometheischem Lehm geknetete Rustika des Vorbilds wieder zurück in Stein übersetzt oder überführt ist – eine hübsche Wendung, wohl angetan, die Schraube von Giulios manieristischen

15 William Shakespeare, *The Winter's Tale*, V, 12.

16 Vgl. hierzu Hoffmann 1999.

Giulio Romano, Palazzo del Tè
Mantua, 1525-35

Finten und Spiegelfechtereien noch ein Stück weiter zu drehen und so nicht nur das Werk zu zitieren, sondern eine Metaebene des Verweises einzuführen, indem Giulios eigentümliche Methode der Verfremdung gewissermaßen potenziert wird. — Überhaupt läßt sich an Andreanis Bau ein Vorrang der Verfahrensweise konstatieren, die das Augenmerk von der überbordenden Fülle der Bezüge alsbald auf die Technik des Zitierens, die Auswahl des Zitierten und das Ziel allesdessen lenkt. Betrachtet man die kritische Präzision der mehrschichtigen Bezugnahmen auf den Palazzo del Tè, so wird rasch deutlich, daß bei den offensichtlichen stilistischen Inkonsistenzen kaum von einer bloß dekorativen eklektizistischen Beliebigkeit ausgegangen

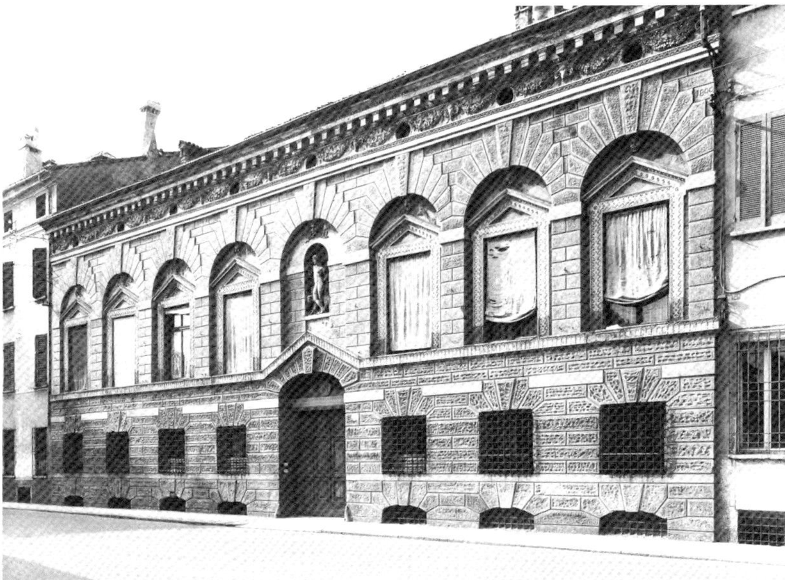

Giulio Romano, Casa di Giulio Romano
Mantua, 1544

werden kann. Sicherlich wird man kaum falsch liegen mit der Vermutung, die oft etwas gewaltsame, ja fast gewalttätige Amalgamierung heterogener Komponenten und Kompositionsprinzipien folge einem klaren Konzept, das die Elemente als Bestandteile einer eklektizistischen architektonischen Ikonographie nutzt und so eine *architecture parlante* im ursprünglichen Sinn entstehen läßt, einen Bau nämlich, der andere Architektur abbildet.

Auch hier steht Giulio Pate, weniger wohl mit dem Palazzo del Tè, der es auf ein allgemeines Repertoire der Renaissancearchitektur abgesehen hat, als mit seinem eigenen Haus in Mantua, das Bramantes vielbewunderten Palazzo Caprini, eines der Hauptwerke des römischen Palastbaus des frühen Cinquecento (auch bekannt unter dem Namen Casa di Raffaello), paraphrasierend zitiert und in eine architektonische Groteske verwandelt.[17]

Giulios auf die Spitze getriebene ästhetische Dysfunktionalität, die die Elemente von Bramantes Fassade aus den sinnvollen Zusammenhängen reißt, für die und mit denen zusammen sie entwickelt worden waren, um sie zu merkwürdigen Paralogismen zu gruppieren, findet ihren Widerhall in Andreanis Kombination eines dem Palasttyp der Renaissance folgenden mehrgeschossigen, in klare Traveen gegliederten Aufbaus von prominenten Partien seiner Fassade, wobei jedoch an die Stelle der entsprechend den klassischen Ordnungen gebildeten Pilaster Gruppen von deutlich aus der Fassade heraustretenden Säulenbündeln gestellt sind, die sich explizit an romanische Vorbilder anlehnen – eine historisch gesehen unvereinbare Konstellation, die noch dazu beiden Kontexten wesensfremd ist. Als wäre dies nicht schon genug, wird der Sache gewissermaßen die Krone aufgesetzt durch das vollständige Fehlen eines oberen Abschlusses etwa in Gestalt eines Bogens oder eines Gebälks – als wäre sie an dieser Stelle unvermittelt abgebrochen und dann aus einem gänzlich anderen Geist heraus weitergeführt worden, nimmt sich Andreanis Fassade hier aus (andere, weniger prominente Elemente weisen hingegen auf die Absicht einer Verzahnung der unterschiedlichen Zonen hin).

[17] Schon bei Bramantes Bau scheint sich indes Manieristisches breitzumachen: Bereits hier waren die Rustizierung des Erdgeschosses und die Dorica des *piano nobile* nicht, wie es den Anschein hatte, in Stein gemeißelt, sondern fingierend aufstuckiert, und es stehen die monumentalen Dimensionen der die Stürze bildenden rustizierten ›Werksteine‹ in einem grotesken Verhältnis zur Breite der überspannten Öffnungen – nicht zu vergessen das brüske Aufeinandertreffen der beiden so unterschiedlichen Geschosse, das den organisch gefügten Fassaden, seit Alberti der Kanon der Renaissancearchitektur, Hohn zu sprechen scheint. Giulio paraphrasiert also genaugenommen ein Gebäude, das seinerseits schon den Kern der Paraphrase und ein gerüttelt Maß an Ironie enthält – er betreibt hier also weniger den Bruch mit dem Vorbild, als daß er das dort Angelegte weiterdenkt und zuspitzt.

Vier Säulen der Markthalle

Ein Vorbild läßt sich auch hier bei Giulio ausmachen, im Cortile della Cavallerizza des Palazzo Ducale,[18] dem wohl auch die exzessive plastische Durcharbeitung von Andreanis Fassade verpflichtet ist und

[18] Der Südflügel, La Rustica genannt, von Giulio 1538/39, die drei anderen ab 1556 von seinem Schüler Giovan Battista Bertani, der Giulios ungeachtet seiner Absurdität doch fast ein wenig trockenes intellektuelles Spiel variiert und die Fassaden üppiger und komplexer gestaltet. Zur Giulios Bau vgl. Pier Nicola Pagliara, »La Rustica«, in: Ernst H. Gombrich et al. 1989, 418-424.

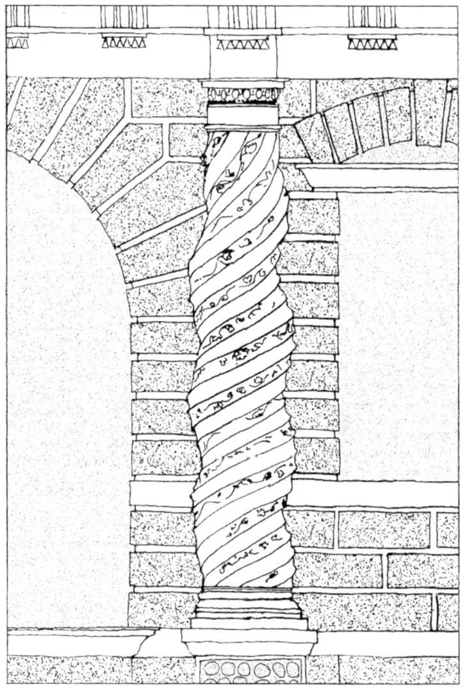

Giovan Battista Bertani, Mantua, Palazzo Ducale
Cortile della Cavallerizza, Ostflügel (Ausschnitt), 1556-60

wo vor die heftige Rustika der Wand gedrehte Halbäulen gestellt sind – ein Arrangement, das bei oberflächlicher Betrachtung grundsätzlich von den Regeln der wohlgeordneten Fassaden der Hochrenaissance bestimmt scheint, jedoch bei genauerem Blick der ausgefeilten Rhetorik von deren organischem Aufbau Hohn spricht –; die Elemente und ihre Zusammenhänge sind auseinandergenommen und durcheinandergewürfelt, um sich am Ende in grotesker Neukomposition wiederzufinden.

Auch die Säulenordnungen, die kanonisierte Grundlage der Architektur, finden sich in dieses Spiel der Respektlosigkeiten einbezogen: Einen durch seinen Echinus als ionisch ausgewiesenen Säulenschaft mit einem dorischen Gebälk verbunden zu sehen, mußte den Hütern einer reinen Lehre als arge Obszönität gegolten haben – ganz abgesehen vom fehlenden Abschluß der Säule durch ein Kapitell und der Tatsache, daß die Säule selbst, vor die Wand gesetzt, im Kontext der organisch-konstruktiven Rhetorik der in der Renaissance entwickelten Wandsysteme ihres Sinnes entkleidet ist. — Andreani bedient sich eines verwandten Elements, wenn er im schachtartigen Kern seines Gebäudes die Säulen aus allem statischen Gefüge gelöst bar jeglicher tragenden Funktion frei vor die Pfeiler unter die Scheidbögen stellt.

Giulios gewalttätige Synthese solcher Unvereinbarkeiten findet ihren Widerhall in Andreanis Fassade mit ihrer gewaltsamen Kombination von der klassischen Tradition verpflichteter Gliederung – der von ihm selbst so bezeichneten *ossatura di linea antica* – und der Romanik entlehnten Detaillierung. Romanisches erscheint auch an anderen Stellen in Andreanis Bau so prominent, daß es sich als eine zweite, den Verweisen auf Giulio gleichwertige Bezugsebene auffassen läßt. So finden sich in der Loggia etwa Doppelsäulen, und es sind bei ihnen, wie auch bei allen übrigen im Gebäude, die Schäfte ohne Entasis als Zylinder gebildet. Die Basen folgen eindeutig romanischen Modellen, und die vielgestaltige Reihe der Kapitelle läßt sich als eine Grammatik der Ableitungen des Würfelkapitells lesen. — Die Reihe der romanischen Entlehnungen läßt sich fortsetzen.

Die Giulioparaphrasen sind ohne weiteres als Ortsbezug zu verstehen – als das Anknüpfen an ein Werk, das wie kaum je ein anderes, mehr vielleicht noch als dasjenige Palladios, die gesamte europäische Architektur beeinflußte, ja bestimmte und dessen immenser Einfluß von Mantua seinen Ausgang nahm – und das in Andreanis Neigung zum Grotesken, zu Bizarrerien und Outriertheiten seinen Widerhall und Widerpart findet. Was aber hat es mit den romanischen Eskapaden seines Baus auf sich? — Zwar hatte Camillo Boito, dessen Einfluß kaum unterschätzt werden kann, die Bauformen des Mittelalters als Vorbild für eine moderne, zeitgemäße italienische Architektur vorgeschlagen, doch dürfte dies alleine für Andreanis Entscheidung für eine so explizite Hinwendung zur Romanik kaum ausreichend sein, zumal wenn man bedenkt, welch analytisches Kalkül die Auseinandersetzung mit dem Werk Giulio Romanos erkennen läßt.

Mantua besitzt mit dem im späten 11. Jahrhundert entstandenen Zentralbau der Rotonda di San Lorenzo ein bedeutendes Werk der Lombardischen Romanik. Nicht allzuviele Bauten dieses auch, hauptsächlich in Italien, als ›Erste Romanik‹ (*primo romanico*) bezeichneten Stils haben sich erhalten; zu nennen sind etwa Sant' Ambrogio in Mailand, die Kathedralen von Modena, Parma und Piacenza oder Santa Maria Maggiore in Lomello. Was in der Lombardei entstanden war, fand rasch weite Verbreitung und entwickelte sich zu einer Art *lingua franca* der europäischen Architektur – der Einfluß der lombardischen Baumeister und Handwerker läßt sich auch daran ablesen, daß *lombardus* zum Synonym für ›Steinmetz‹ wurde. Die frühe Romanik stand somit, zumindest aus italienischer Perspektive, ganz im Zeichen einer Wiedergeburt der Baukunst, die, fast im Sinne einer ›Avantgarde‹, von der Lombardei ihren Ausgang genommen hatte und von der, vergleichbar der europaweiten Wirkung der Werke Giulios ein halbes Jahrtausend später, die Maßstäbe für die gesamte europäische Architektur gesetzt worden waren.

In seiner konkreten Formensprache orientierte Andreani sich indes offensichtlich weniger an den strengen, lapidaren Formen der frühen

Ein Eckpfeiler der lucerna

lombardischen Romanik als an späteren, deutlich üppigeren Ausprägungen, wie sie sich etwa in Ste-Marie-Madeleine in Vézelay finden. Zu verwundern vermag dies freilich nicht, denn nichts anderes als deren Üppigkeit hätte sich in der von ihm synthetisierten Formenwelt behaupten können. Auch bezieht er sich ja nicht auf romanische Baukörper und deren Organisation, auch nicht auf romanische Raumkonzepte (es lassen sich allenfalls in der Konzeption der zentralen *lucerna* romanische Anklänge ausmachen), sondern er bedient sich aus der Romanik abgeleiteter Details, die er seiner eigenwilligen Komposition gefügig macht. Doch auch dies ermangelt nicht der Raffinesse: Nicht das piemontesische Ausgangsmaterial zitiert er, sondern dessen europäische Nachwirkungen.

Andreani kombiniert oder amalgamiert in seinem mantovaner Bau somit zwei architekturhistorische Leistungen von allererstem europäischem Rang, deren eine unmittelbar in Mantua zu verorten ist, deren andere dagegen die Region ins Visier nimmt.

Daß sein Vorgehen programmatisch zu verstehen ist, steht außer Zweifel, und in diesem Zusammenhang scheint im Kontext der Bestrebungen um die Herausbildung eines italienischen Stils in der Folge des *risorgimento* und im Zusammenhang mit dem als bevorzugtem Ausdruck für das Moderne diskutierten Eklektizismus ein bemerkenswerter Aspekt von Bedeutung. Andreani zielt, so könnte man sagen, wollte man sein Vorgehen verallgemeinern, für die zeitgemäße Architektur des neu entstandenen (oder wiedererstandenen) Italien nicht auf einen an formalen Kriterien ausgerichteten ›Stil‹ ab, sondern auf eine Verfahrensweise, die sich als ›historisch-kritischer Eklektizismus‹ bezeichnen ließe. Im Gegensatz zum Historismus, der eine ganz bestimmte, im Idealfall zeitlich eng begrenzte Periode mit regionaler Fokussiereung zu reproduzieren bestrebt ist, betreibt er eine auf den Ort zentrierte ›Tiefenbohrung‹ – oder eine Reise durch die Schichten der Zeit, ohne den Ort zu verlassen, ähnlich Prousts Kirchenschiff, das seinen Kurs durch die vierte Dimension nimmt. Was er auf seiner Reise vorfindet, unterzieht er einer Analyse, um

Vézelay, Ste-Marie-Madelaine, 1120-50

die Resultate dann in sein modernes Vokabular und seine Gestaltungsprinzipien aufzunehmen. Ein solches Verfahren würde sich dann grundsätzlich auf ganz Italien anwenden lassen, auf jeden Ort und für jegliche Bauaufgabe, mit dem Ergebnis einer angemessenen, ortsbezogenen, vielfältigen und vielschichtigen Architektur, frei von Uniformität und fernab der Banalität eines zur Verbindlichkeit erklärten, doch längst fragwürdig gewordenen ›Stils‹. Dies sollte indes folgenlos bleiben; die italienische Architektur nahm nach dem Ersten Weltkrieg eine gänzlich andere Entwicklung – die unterschiedlichen Strömungen wurden in einen Nationalstil kanalisiert, was auch auf das spätere Schaffen Andreanis seinen Einfluß hatte. Doch bleibt auch dann seine Stellung die eines Außenseiters – der durchschlagende Erfolg ist ihm versagt, seine großen Projekte bleiben auf dem Papier, und ab Mitte der Dreißigerjahre wendet er sich immer mehr der Denkmalpflege zu, um schließlich die Architektur fast gänzlich aufzugeben und sich der Bildhauerei zu widmen.

Ein Nachtrag zum Eklektizismus als Hebamme der italienischen Nation: Pellegrino Artusi, der mit seinem nicht genug zu rühmenden, 1891 erschienenen Kochbuch »La scienza in cucina e l'arte di mangiar bene« nach eigenem Bekunden einen Beitrag zur Festigung und Vollendung der Einheit Italiens zu leisten sich zum hehren Ziel gesetzt hatte, bediente sich eines eklektizistischen Verfahrens; er studierte minutiös die verschiedenen Regionalküchen, um durch sorgfältigen Abgleich und gewissenhafte Konzentration auf das Wesentliche, nicht weiter reduzierbare, aus der Vielfalt des Vorgefundenen den Kanon einer nationalen italienischen Kochkunst herauszuarbeiten. Ein exzellenter Stilist, leistete er nebenbei mit seinem Buch, bis heute das nach der Bibel in Italien am weitesten verbreitete, einen entscheidenden Beitrag zur Durchsetzung einer einheitlichen italienischen Sprache.

Andreani, Aldo, *Aldo Andreani architetto scultore*, Mailand 1937.

Belluzzi, Amedeo, »La Camera di Commercio di Matova e gli esordi architettonici«, in: *Rassegna* 33/1, 1988, 13-31.

Dombrowski, Damian (Hrsg.), *Kunst auf der Suche nach der Nation. Das Problem der Identität in der italienischen Malerei, Skulptur und Architektur vom Risorgimento bis zum Faschismus*, Berlin 2013.

Dulio, Roberto, und Mario Lupano, *Aldo Andreani 1887-1971. Visioni, costruzioni, imagini*, Mailand 2015.

Eco, Umberto, *Die Grenzen der Interpretation*, München, Wien 1992.

Gutzkow, Karl, »Die Mode und das Moderne«, in: *Gesammelte Werke Bd. 9, Säkularbilder I*, Frankfurt a.M. 1846, 141-158.

Hoffmann, Volker, »Giulios Ironie. Eine Bemerkung zum Palazzo del Tè in Mantua«, in: *Mitteilungen des Kunsthistorischen Institutes in Florenz*, Bd. 43, 1999, 543-558.

Pieper, Jan, »Gropius Vitruvianus Mayeri«, in: *Bauwelt* 10, 2009, 6-11.

Previdi, Claudia Bonora, »Aldo Andreani«, in: Signorini 2005, 37-40.

Proust, Marcel, *À la recherche du temps perdu*, 3 Bde., Paris 1954.

— *Auf der Suche nach der verlorenen Zeit*, 3 Bde., Bd. 1: *In Swanns Welt*, übers. v. Eva Rechel-Mertens, Frankfurt a.M. 1961.

Signorini, Rodolfo (Hrsg.), *Il Palazzo della Camera di Commercio in Mantova*, Mantua 2005.

Tragbar, Klaus, »*Fatta l'Italia, bisogna fare*... eine nationale italienische Architektur«, in: Dombrowski 2013, 102-119.

Yates, Frances A., *The Art of Memory*, London 1966, dt.: *Gedächtnis und Erinnern. Mnemotechnik von Aristoteles bis Shakespeare*, Berlin 1997.

ZUR BESTIMMUNG DES ARCHITEKTONISCHEN
Eine Festtagsrede

DIE AUFGABE, ZU EINEM ANLASS wie diesem einen Vortrag zu halten, zu einer feierlichen Verleihung von Diplomen also, eine Art Fest- oder Sonntagsrede, stellt mich vor einige Schwierigkeiten. Ginge es hier um Konkretes, etwa um den Festungsbau der Frühen Neuzeit oder das Zollinger-Lamellensystem, fühlte ich mich einigermaßen in meinem Element und könnte Sie von sicherem Boden aus ein wenig langweilen – hier aber, wo der eigentliche Grund meiner Rede der ist, Sie und die Institution, die zu verlassen Sie sich nun anschicken, in dem Glauben zu bestärken, das konkrete Hier und Jetzt sei ein bedeutender Augenblick, eine Schwelle, jenseits der dasjenige liege, wofür das Diesseitige lediglich die Vorbereitung gewesen und das Ereignis, das hier stattfindet, so etwas wie das Feuer und Wasser in der Zauberflöte sei, eine Initiation nämlich, kraft welcher man nun zu jemandem mutiere, der befugt und befähigt sei, seine Kunst tätig auszuüben, zu solch bedeutendem Ritual also wird angemessenerweise von großen und allgemeinen Gegenständen zu sprechen sein, von denen man dann auf dem Heimweg noch eine vage und verblassende Erinnerung von Größe und Bedeutung hat, doch schon nicht mehr so recht sagen kann, worüber überhaupt gesprochen wurde.

Zu sprechen wäre hier angemessenerweise von der Architektur – von der Architektur an sich und im allgemeinen, was jedoch rasch zu der Erkenntnis führen müßte, daß dieser Gegenstand, wie alles Allgemeine, sich in nebelhafte Unschärfen verflüchtigen will, sobald man versucht, ihn genauer ins Auge zu fassen, und der dann alsbald seine ehemals als präzise empfundene Kontur verliert.

Freilich, betrachtete man die Peripherie, schaute man also dorthin, wo wir sie, die Architektur, einigermaßen solide im alltäglichen Tun des Architekten verhaftet finden, ließe sich über vieles und Verständliches sprechen. Vom Umgang mit Bauherren beispielsweise, von Bau- und Planungsrecht, von der Geometrie, von der Baugeschichte, von Kosten- und Terminplanung (und -überschreitungen), Tragwerkslehre, Farbe, Material, von sozialer Verantwortung, Haustechnik, Ästhetik – kurz, von alledem, wovon die Ausbildung hier Ihnen ein gerüttelt Maß an Kenntnissen vermittelt hat. Oder hätte vermitteln sollen. Oder können.

Nun – dann entstünde ein Modell der Architektur als eines Konglomerats vielfältigster Felder oder Fächer mit teils recht divergierenden Tendenzen und damit das – vielleicht nicht einmal unrichtige – Bild vom Tun des Architekten als einem Moderieren unterschiedlichster, teils deutlich widersprüchlicher, oft gar sich ausschließender Ansprüche und Anforderungen. — Sollten Sie es hier zu einigen Fertigkeiten bringen, so dürften Sie für Ihren Beruf wohl gerüstet sein.

Doch kehren wir vom Tun des Architekten zurück zum Sprechen über die Architektur. Dieses Feld von den Rändern her aufzurollen ist ein probates Mittel; zu sprechen wäre so von ihr in Relation zu anderem – von Farbe und Architektur etwa, oder von Tragwerk und Architektur, oder von Licht und Architektur – wobei das ›und‹ als ein Hinweis darauf genommen werden kann, daß hier die Verbindung zweier von Natur aus getrennter oder zumindest durch die Technik der Betrachtung geschiedener Gegenstände abgehandelt wird.

Werfen wir zum Beispiel einen Blick auf die Relation der Architektur zu den Komplexen der Kunst und der Technik, zwei häufig gemeinsam genannten und miteinander in Zusammenhang gebrachten antagonistischen Polen, in deren Spannungsfeld die Architektur irgendwo angesiedelt zu sein scheint. Oder deren Kräfte so auf sie wirken, daß sie sich in einigermaßen stabiler Lage hält. Oder zwischen denen sie hin- und hergezerrt oder gar aufgerieben wird.

Die Sache wird indes gleich etwas komplizierter, wenn wir uns daran erinnern, daß ›Kunst‹ im Griechischen τέχνη (technē) heißt, was sich genausogut mit ›Technik‹ übersetzen läßt, daß somit die beiden Gegenspieler vielleicht, wie es die alten Griechen offensichtlich taten, als ein Gemeinsames, Ungeteiltes gedacht werden können oder sogar müssen. Etymologisch leitet sich τέχνη vom indogermanischen Wortstamm ›*tek‹ her, der soviel wie ›zimmern‹ oder ›bauen‹ bedeutet, und der sich unter anderem in ›Architekt‹ und ›Architektur‹ wiederfindet. Zu sagen, die Architektur bestimme sich im Spannungsfeld von Kunst und Technik, lasse sich irgendwo zwischen diesen beiden Polen verorten, scheint vor diesem sprach- und begriffsgeschichtlichen Hintergrund also einigermaßen fragwürdig.

Was mir als Architekt an diesem Bild auch ein wenig widerstrebt, ist die Tatsache, daß der Architektur, die in ihrer archaischen Herleitung von zimmern und bauen ja das Urbild für sowohl Technik als Kunst liefert, den Ausgangspunkt für beide, nun eine in die Passivität abgedrängte Rolle zugedacht ist, indem sie nämlich bloß noch als derjenige Bereich zu denken wäre, in dem sich die Sphären der Kunst und der Technik überschneiden.

Wäre es ein bloßer rhetorischer Kunstgriff, ein anderes Bild zu wählen und die Architektur als dasjenige zu begreifen, wo die moderne Scheidung von Kunst und Technik vielleicht gar nicht vollzogen werden muß – oder gar nicht vollzogen werden darf? — Verstehen Sie mich nicht falsch: Keineswegs will ich dies so verstanden wissen, daß hier alles auf eine commode und vielleicht etwas verschwommene Art eins sei und daß wir somit getrost darauf verzichten können, die Gegebenheiten kritisch, also analytisch zu betrachten – was man hier in dem Sinn auffassen kann, daß sie nicht auf Gemeinsamkeiten hin untersucht werden, sondern auf das Trennende, die Differenz. Um über Architektur nachdenken zu können, werden wir nicht umhin kommen, die Frage nach der Kunst und der Technik zu stellen und dabei nicht eine nebulöse Ursprungseinheit zu beschwören, sondern tatsächlich die Dichotomie zum Ausgangspunkt der Betrachtung zu machen.

Ich gebe zu, die beiden Felder der Kunst und der Technik zunächst einigermaßen willkürlich herausgegriffen zu haben – die Architektur und das Tun des Architekten ereignen sich und geschehen ja noch unter einer fast erdrückenden Vielfalt anderer Einflüsse und Spannungen. Dennoch scheint es mir so, daß gerade die beiden Pole, die wir mit Kunst und Technik bezeichnen, der Architektur in einer anderen Qualität wesenhafter verbunden seien als beispielsweise das Baurecht oder die Bauphysik – wobei jenes mit der Architektur etwa so viel zu tun hat wie die Frage nach dem Konto des Bauherrn und diese als ein Ausläufer im sich in zahllose Einzeldisziplinen verästelnden Komplex des Technischen aufzufassen ist.

Nun wird gerade das Baurecht in den seltensten Fällen ein Anliegen des Architekten sein, nichts also, das ihn in seinem Tun anzuspornen vermag, sondern ganz im Gegenteil etwas, das als eine Zumutung von außen an ihn herangetragen wird. Anders mag es sich mit seinem Verantwortungsgefühl der Umwelt gegenüber verhalten oder mit seinem sozialen Gewissen. Sie werden wohl kaum widersprechen, wenn die Forderung aufgestellt wird, der Architekt habe jede seiner Entscheidungen vor dem Hintergrund abzuwägen und zu treffen, daß ihm als demjenigen, dem, wie gerne glauben gemacht wird, wie keinem anderen die Gestaltung des Lebensraums und somit der Lebensumstände in die Hände gelegt ist, oder wenigstens eines bedeutenden Teils davon, oder, vielleicht genauer: eines nicht unbedeutenden Teils, eine ganz besondere Verantwortung eben auf sozialem Gebiet aufgebürdet ist. Doch wäre hier zu fragen – wenn es um eine Bestimmung der Architektur geht – inwiefern solches zu deren Wesen gehört oder ob dies nicht vielmehr auf alle zutrifft, die Teil an Prozessen haben, die sich auf das Leben und die Lebensumstände anderer auswirken und so geartet sind, daß diese anderen sich diesen Auswirkungen nicht ohne weiteres zu entziehen vermögen.

Der Architekt ist hier also im Grunde genommen in keiner anderen Lage als beispielsweise Geistliche, Politiker oder Juristen, an die auf der Grundlage einer allgemeinen Moralität ähnliche Forderungen im Sinne eines kategorischen Imperativs zu stellen wären, ohne daß dies als eine spezifische Grundgegebenheit ihrer Disziplin aufgefaßt werden müßte. Es gilt also festzuhalten, daß Architektur zweifellos betrieben werden kann, ohne daß soziale Gesichtspunkte irgend eine Rolle spielen. Ob wir das dann für gut und richtig halten, ist eine ganz andere, Ethik und Moral betreffende Frage.

Es mag hier hilfreich sein, einen Seitenblick auf dasjenige zu werfen, was vielleicht nicht notwendigerweise die Architektur, jedoch auf jeden Fall das Bauen legitimiert, nämlich auf den Zweck. Anders als die Kunst, die ›freie‹ oder ›reine‹ Kunst, die, zumindest einer idealistischen Auffassung nach, ihre Legitimation nur aus sich selbst heraus beziehen kann, ist das Dasein des Gebauten – sein Da-Sein, nicht sein So-Sein – stets in einem außerhalb seiner selbst Angesiedelten begründet. Durch etwas also, das von außen herangetragen wird. Mag auch das Wesen oder das Wesentliche der Architektur von den jeweiligen Zwecken unberührt bleiben, so ist die Zweckgebundenheit an sich doch als Selbstverständlichkeit die Grundlage ihrer Existenz, und es kann die Architektur wohl nicht ohne sie gedacht werden.

Zu unterscheiden wären hier zum einen der Zweck als die legitimierende Grundgegebenheit der Architektur, also beispielsweise die Aufgabe, ein Opernhaus oder ein Gefängnis zu bauen, zum anderen die von außen herangetragenen Anliegen, wie etwa der Forderung des Bauherrn nach einem Vorstadthäuschen im toskanischen Stil oder gar in der Manier eines Jürgen Mayer H., was auch solche einschließt, die man als den sozusagen inneren Antrieb des Architekten bezeichnen könnte und die sein Tun in aller Regel weit stärker bestimmen als irgendeine mehr oder minder abstrakt empfundene ›Sache der Architektur‹, also etwa Belange der Umwelt, oder seine soziale Verantwortung oder auch seine persönliche Eitelkeit, von denen ja ohne weiteres abgesehen werden kann, ohne daß deshalb die Architektur als solche auf der Strecke bleiben müßte.

Aus dem Feld freilich, das durch die beiden Pole Kunst und Technik abgesteckt ist, kann die Architektur nicht herausgelöst werden. Was die Technik betrifft, ist dies evident. Rückte die Architektur von ihr ab, so löste sie sich vom Bauen und damit von der ihr eigentümlichen exklusiven Erfahrbarkeit und verkäme alsbald zur bloßen Metapher, wie der Liebe Gott für einen Atheisten.

Schwieriger verhält es sich da mit der Kunst. Ein Bauen ohne sie ist ja nicht bloß vorstellbar, sondern scheint innig mit der bedrückend ärmlichen Realität des gebauten Alltags verknüpft zu sein. Tatsächlich dürfte die Mehrzahl der Bauherren mit wenigem so leicht abzuschrecken sein wie mit einem aufrichtigen, ungeheuchelten Kunstanspruch ihres Architekten – und gleichzeitig ist, von einem anderen Standpunkt aus betrachtet, weniges so unerträglich wie der penetrante Kunstanspruch, den ein beachtlicher Teil des Ambitionierteren unter dem Gebauten plakativ vor sich herträgt und mit dem gerade der Mangel an genuin Architektonischem sich trefflich bemänteln läßt.

Hier ist nun aus den etwas trüben Wassern meines Vortrags ein Begriff aufgetaucht, der des ›Architektonischen‹ nämlich, von dem wir uns vielleicht Hilfreiches bei unserem Versuch, dasjenige zu bestimmen, was die Architektur recht eigentlich ausmacht, was also in ihrem Kern steckt, erhoffen dürfen. Schauen wir uns zunächst den Begriff an. Zum Adjektiv ›architektonisch‹ gehört im Sprachgebrauch der Philosophie (ich folge hier Friedrich Kaulbachs Artikel zum Stichwort im »Historischen Wörterbuch der Philosophie«) das Substantiv ›Architektonik‹, was für die alten Griechen die Kunst der Bearbeitung des Stoffes zu einer brauchbaren Sache bezeichnete

(Aristoteles, Physik II). Die mittelalterliche Zuspitzung des Begriffs auf die Kunst des Hausbaus scheint dadurch veranlaßt worden zu sein, daß das Haus als repräsentativ für das Sich-Einrichten des Menschen in der Welt aufgefaßt wurde – was, nebenbei bemerkt, an die Heideggersche Bestimmung des Wohnens als der »Weise, wie wir Sterblichen auf der Erde sind« und als dem Grundzweck des Bauens erinnert. Aus diesem aristotelischen Verständnis heraus wird dann Leibniz wie so viele vor ihm Gott als den Architekten des Weltalls bezeichnen, wo somit die Architektonik über das antike und mittelalterliche Verständnis als einer bloßen mechanischen Verfassung der Natur hinaus es auf Zwecke absehe. Gott werde dann, so Leibniz, vom Menschen bei der Gestaltung der Erde nachgeahmt.

Dieses göttliche Urmodell als Selbstverständnis baumeisterlichen Tuns scheint übrigens, nebenbei bemerkt, bei so manchen Architekten auf allzu fruchtbaren Boden gefallen und in den falschen Hals geraten zu sein.

Was hilft es uns nun, den Begriff eines zunächst noch und vielleicht für immer ein wenig diffusen ›Architektonischen‹ einzuführen, um uns dem anzunähern, was die Architektur nicht von ihren Rändern her, sondern aus ihrem Inneren heraus bestimmt? Der Verdacht läßt sich nicht ganz ausräumen, hier handle es sich lediglich um eine rhetorische Operation und es würde vielleicht eine leeres Zentrum durch das fragwürdige Füllen mit einem Begriff als Substanz auszugeben versucht. — Indes, darüber nachzudenken, was es mit einem ›Architektonischen‹ auf sich haben könnte, hat den kaum infrage zu stellenden Vorzug, daß dann vieles, was beim Reden über Architektur mitzudenken wäre, beiseite gelassen werden kann – das Architektonische wäre als ein Prinzip aufzufassen und als solches ja frei von all jenen Verstrikkungen und, wie soll ich sagen, sekundären Gebundenheiten, an denen man beim Begriff ›Architektur‹ so schwer zu beißen hat.

Ich will mit meinen etwas unsystematischen Betrachtungen, oder eher Andeutungen, mit denen ich mich auf ein Feld gewagt habe, das wohl besser den beamteten Philosophen vorbehalten bliebe, nicht zu Ende kommen, ohne einen Versuch zu wagen, jenes nebelhafte ›Architektonische‹, das ich als im Inneren der Architektur oder aus diesem heraus waltendes Prinzip einigermaßen unbedacht in den Ring geschickt habe, doch noch etwas genauer zu fassen.

Richten wir den Blick noch einmal auf die drei Begriffe, oder Gegebenheiten, aus deren Konstellation die Architektur sich nicht herauslösen läßt: Technik, Kunst und Zweck. Letzterer nimmt sich hier ein wenig fremd aus, will sich in die elegante Dichotomie der τέχνη nicht so recht organisch einfügen. Doch – wäre die Architektur, ohne den Zweck gedacht, noch ganz Architektur? Oder wäre sie es erst dann? — Diese Frage wird sich vielleicht nicht anders als polemisch beantworten lassen. Bleibe sie also stehen – im Raume stehen, damit auch dieser Begriff hier wenigstens einmal gefallen sei.

Wäre das Architektonische nun also als ein Feld aufzufassen, das durch die drei Gegebenheiten Technik, Kunst und Zweck abgesteckt ist? Besser gefällt mir das Bild des Architektonischen als einer bildenden Kraft, in der die drei enthalten sind – nicht gewichtbar und nicht im Sinne einer Zusammenführung oder -fügung, sondern als eine konsistente Entität, als die die einzelnen Aspekte vielleicht, wie soll ich sagen, zusammen gedacht oder in die sie zusammengedacht werden können, wo aber auf jeden Fall ihre Widersprüchlichkeit aufgelöst ist.

Das Architektonische wäre dann als dasjenige zu verstehen, in dem Kunst, Technik und Zweck ineinanderfallen, ineinander aufgehen oder wechselseitig auseinander hervorgehen.

Das hört sich nun ein wenig nach dem ausgedünnten Idealismus von Sonntagsreden an, und man wird sich nicht zu Unrecht fragen, ob solches über das Begriffliche hinaus zum Leitfaden für ein Tun des Architekten taugen könne und, wenn ja, in welcher Form denn ein hieraus etwa resultierendes genuin architektonisches Denken sich handgreiflich zu manifestieren vermöchte. Hiervon wäre exemplarisch in einem Vortrag über das Haus zu handeln, das Konstantin Melnikov 1928 für sich selbst in Moskau erbaute. Womit ich Sie aber für heute verschonen will.*

* Ausführlich hierzu Fritz Barth, *Konstantin Melnikov und sein Haus*, Stuttgart/London (Edition Axel Menges) 2015.

Steine zu Wörtern. Vom Ungebauten bei Hans Henny Jahnn. Vortrag, gehalten am 11. November 1998 an der Akademie Schloß Solitude in Stuttgart im Rahmen einer Veranstaltung zum Thema »Ungebaute Architektur«.

Vom segensreichen Wirken der Fehler. Eine Gegenposition. Abgedruckt in: Gisela Febel et al. (Hrsg.), *Paradox oder die Kunst anders zu denken. Festschrift für Gerhart Schröder*, Kemnat 2001, 45-65.

Die verschwiegene venustas. *Pietistischer Barock.* Vortrag, gehalten am 8. April 2016 anläßlich des Symposiums *›Modell‹ Waisenhaus?* in den Franckeschen Stiftungen zu Halle. Abgedruckt in: Thomas Eißing, Meinrad von Engelberg, Sabine Heiser, Johannes Süßmann und Holger Zaunstöck (Hrsg.), *›Modell‹ Waisenhaus? Perspektiven auf die Architektur von Franckes Schulstadt*, Halle 2018, 73-91.

Architektur als Zeitreise. Der Kritische Eklektizismus der Handelskammer in Mantua. Erstmals publiziert am 19. März 2019 auf https://www.ino-art.eu.

Zur Bestimmung des Architektonischen. Eine Festtagsrede. Vortrag zur Diplomverleihung an der Architekturfakultät der TU Darmstadt am 2. Februar 2013.

S. 6: Staats- und Universitätsbibliothek Hamburg, NHHJ:Z:Ca:56 | S. 12: ebd., NHHJ:Ac:II:146. | S. 16: ebd. NHHJ:Z:Ac:I:11. | S. 35: Franz Höch. | S. 46 v.l.n.r.: hisour.com; rusrim.com; Jean-Pierre Dalbéra; museoetru.it | S. 66: Uwe Gaasch. S. 71: Halle, Stadtarchiv: II, 154. | S. 74 v. o. n. u.: 1 Fritz Barth; 2, 4-7 Halle, Stadtarchiv; 3. Halle, Franckesche Stiftungen. | S. 75: Franckesche Stiftungen Halle, Bildvorlage AIC Planungsgesellschaft mbH Halle. | S. 76: Bildvorlage s. S. 66. | S. 78: Bildvorlage s. S. 75 | S.85 links: https://en.wikipedia.org/wiki/Johann_Bernhard_Fischer_von_Erlach#/media/File:Johann_Bernhard_Fischer_von_Erlach_by_Ádám_Mányoki.jpg. | S. 85 rechts: Franckesche Stiftungen Halle. | S. 88: https://artsandculture.google.com/asset/aldo-andreani/XgFoZ3id8PGUTg. | S. 94: Photographie Hans Wagner; Bauhaus-Archiv Berlin. | S. 101: https://www.localguidesconnect.com/t5/Let-s-Meet-Up/Il-Liberty-al-Campo-dei-Fiori/td-p/281274. S. 108: https://ru.wahooart.com/@@/8XZFZV-Giulio-Romano. | S. 109: Alinari Archives, Florence. | S. 118: François Walch, Francis Vérillon, wikipedia.org: Nef de la basilique de Vézelay à 14h27 le 23 juin 1976.

Die Aufnahmen des *Palazzo della Camera di Commercio* wurden von Friedrich und Fritz Barth zwischen dem 1. und dem 5. Juni 2015 angefertigt.

ISBN 978-3-86905-023-2

Druck und Verarbeitung: Graspo CZ, a.s., Zlín,
Tschechische Republik

Lektorat: Nora Krehl
Gestaltung: Fritz Barth